furumai techo

なぜか大切にされる女性になるマナーと心得56

オトナ女子の
ふるまい手帖

ふるまいコンシェルジュ
高田将代

SB Creative

オトナ女子が目指すのは「大切にされる女性」

いくつになっても女性として成長したい。
時代や年齢に合わせてアップデートしていきたい。
「オトナ女子」なら誰もが思う願いです。

でも、これまでのように、
新しい洋服を買っても、メイクを頑張っても、エステに通っても、
自分を「きれい」「すてき」と思えなくなる時ってありませんか？
なんだか雑に扱われていると感じたり、

自信を失ってしまう瞬間がありませんか？

一方で、年齢を重ねるごとに「きれいですね」と褒められたり、
なぜか、周りから愛されて大切にされる女性がいます。

彼女たちに共通している秘密はなんでしょう？
それは、美しい「ふるまい」を身につけていること です。

美しい「ふるまい」は決して難しいものではありません。
ほんの少しの意識で誰にでも身につけられるものです。
大切にされるオトナ女子になるための一歩を
あなたも踏み出しませんか？

はじめに

これはあなたに「**目に見えない財産**」を手に入れていただきたいと願って書いた本です。美しく年齢を重ね、いくつになっても愛されて大切にされる。それはとても幸せなことです。そうあるためには何が必要なのでしょう？

メイクやファッションなど、女性を美しく輝かせてくれるものは世の中にたくさんあります。でも、すべてを取り払った**あなた自身を美しくしてくれるのは「ふるまい」**です。「ふるまい」とは、自分の考えや想い、在り方を表現する行動や態度のこと。姿勢、所作、表情や話し方なども含めてふるまいと捉えています。

美しさは姿かたちではありません。いえ若い頃はそうだったかもしれません。ですが、年齢を重ねると、生まれもったものよりも、ふるまいが美しさを決めます。日々、美しいふるまいを意識している人が、本当にきれいな人になっていきます。それはあなたが纏《まと》う雰囲気、佇まいとなって表れます。決してごまかしが利かないものです。また、年齢とともに、求める美しさの質がもっと深く本質的なものに変わっていくと感じます。それに応えられるのも「ふるまい」なのです。

ふるまいで損をしていませんか？

どんなに美しく装っても、姿勢が悪ければ美しさは半減します。言葉遣いが雑だと、黙っていたらすてきなのにと思われます。食事の仕方で幻滅されることも、無意識にしている表情で判断されてしまうこともあるのです。自分では気づかないうちに損をしているかもしれません。でも、大人になると誰も指摘してくれません。あなたのもつ魅力を本当に輝かせるには、自らふるまいを磨くことが不可欠なのです。

今のあなたが未来のあなたをつくります

私は現在、マナー講師・ふるまいコンシェルジュをしていますが、以前はごく普通の主婦でした。どう生きていくかに悩み、もう一度自分を見つめ、磨き直そうとフィニッシングスクールに入ったのは30代でした。そこで出会ったのは私よりずっと年上の自信に満ち溢れた女性たちの姿でした。美しい立ち居ふるまいに活き活きとした表情、努力を怠らず真摯に学び続ける姿、周りへの気遣いに溢れ、誰にでも惜しみない愛情を注げる彼女たちの姿に衝撃を受けました。私もこんなふうに年を重ねたい、50

代、60代になっても夢を語り、挑戦し続ける女性になりたいと心から思ったのです。いくつからでも、何歳になっても輝けることを目の前で見せてもらったからこそ、今があります。美しさは日々の積み重ねです。**今のあなたの行動や意識が未来のあなたをつくります。**もういいやと諦めて手を抜いてしまうのか、自分の内面や外面を磨き続けるのかは自分で選べます。最初はほんの少しの違いですが、それは年々大きな違いになっていきます。

美しさも幸せも、ふるまいを磨くことで叶います

ふるまいを磨くときれいになります。褒められることが増え、笑顔が増え、自信が増します。前向きになって行動範囲が変わります。出会う人が変わります。また、落ち着いた丁寧なふるまいは心も整えてくれます。心が整うと在り方が整います。心美しくあることはどんな時代になっても揺らぐことのない最強の武器です。

内面外面の両方を整えてくれるのがふるまいです。ふるまいを美しくすることは、自分も人も大切にすることに直結します。だからこそ、自然と自分自身も大切にされるようになっていきます。ふるまいを磨くことがあなたの新たな一歩を、間違いなく

後押ししてくれます。

「ふるまい」を磨くのに道具は何もいりません。**自分の身体一つ、心一つあればいいのです**。知っているか知らないか、意識するかしないか、それだけです。そして一度身につけたものは、決してなくなることはありません。それは、あなただけの「**目に見えない財産**」です。

本書では、「姿勢」「所作」「表情」「装い」「食事」「気遣い」「話し方」の章に分け、美しいふるまいにつながるマナーと心得の基本を分かりやすくお伝えします。難しいことはありません。誰にでもできます。意識し続ければ、それが当たり前になります。ふるまいを磨くことで培われるものは、年齢を重ねるほど輝きを増します。あなたの美しさを育て続けましょう。背筋を伸ばし、美しく凛と生きていきたいと願う女性のお役に立てたら、これほどうれしいことはありません。

髙田将代

ふるまいを磨いて大切にされる女性に！

毎日楽しく
いつもにっこり
口角が上がっている
背筋がピンと伸びている
プレスされた
清潔感のある
服

大切にされるオトナ女子

＊何かに一生懸命に取り組み、
努力を惜しまない

＊自分の考えをもっていて、
言葉にして伝えられる

＊年齢を重ねることを楽しんでいる

＊物事を客観視し、自然な気遣いができる

＊言葉遣いが丁寧、食べ方がきれい、
聞き上手

めんどくさい
不満げな
表情
姿勢が悪い
しわやホツレあり
サイズ感も
合っていない

大切にされない残念女子

＊動きも言葉遣いも雑

＊暗い、ネガティブ、自己中心的、
感謝がない

＊若いほうが可愛いと思っている

＊自分の話ばかりする、人の話を聞かない

＊「どうせ」「でも」「だって」が多い

オトナ女子のふるまい
基本の五か条

ふるまいを磨く前に、
いつも心に置いておきたい五か条を
知ることから始めてみましょう。
意識するだけであなたの心が変わることはもちろん、
周りの人たちに与える印象も変わるはず。
大切にされる女性、ずっと愛される女性への
第一歩になります。

其の一

一人の時こそ美しく

あなたのふるまいを一番知っているのは自分

年を重ねるほどに、年齢に応じた品や人としての深みのある美しさを手に入れられたらと思いませんか？　きれいにメイクをして美しい洋服を纏っても、変えられないのが顔つきや身体つきです。そこにはこれまでの日々をどう生きてきたかが出ます。心の在り方がにじみ出ます。ごまかしは利きません。ごまかしたところで、自分には嘘がつけないから、結局は自分自身が満たされないのではないでしょうか。

若い時は、もって生まれた容姿に左右される部分が大きいかもしれません。ですが、年齢を重ねると、生き方が美しさを決めます。生き方のきれいな人が、きれいになっていきます。自分次第でいくらでも顔つき、身体つきが変わります。それは美しくふるまおうとする日々の意識のほんの少しの違いです。そういう微差の積み重ねが、これからの自分をつくってくれます。積み重ねなければ醸し出せない美しさがあります。手をかけ、時間をかけて育てるもので、近道はないのです。自分の中の美しさをどう育てるかは自分次第。身につけたものは、決してなくなることのない財産です。

一人の時こそ美しくしましょう。誰にも会わない日も身じまいを美しくする、ふと気づいた時に姿勢を正す、食事を丁寧にいただく、物を丁寧に扱う——外出先でも、知人がいなくても、変わらない自分でいましょう。見知らぬ人にも、「お先にどうぞ」と譲れる、「ありがとうございます」「恐れ入ります」と言えるなど、人として美しくふるまうことを心掛けます。すべてができる人なんていません。少しずつ積み重ねていきましょう。それが未来の自分の美しさをつくると思って。

其の二

きれいに片付いた部屋に暮らしていると、生き方が端正になる

日々、目にするものから受ける影響は大きい

美しくふるまうために大切にしたいこと、それは、部屋をきれいに整えることです。環境を整えると、ふるまいも整います。自分を装う前に、住まいを整えましょう。住まいはあなたのベースとなる場所。どんなに外見をきれいにしても、家が雑然としている人は、纏う雰囲気や空気感に出るものです。不思議とふるまいも雑になります。人は自分がいる環境に無意識に合わせます。環境に沿ったふるまい、生き方を

するのです。

美しい空間に行くと、思わず背筋が伸びていつもより上品に丁寧にふるまいたくなりませんか？　それと同じです。無意識にふるまいが変わります。変えようとするわけではなく、自然とそうなります。

日々目に入る場所が片付き、掃除が行き届いていると、気持ちがいいものです。心地よさは心を安定させます。愛され、大切にされる女性はいつもフラットで、抜群の安定感があるものです。それは自分のベースとなる場所を居心地よく整えることでも手に入ります。

住まいを整えるには、手をかけ、心をかけなくてはいけません。手をかけることを厭《いと》わない姿勢はあなたをきれいにしますし、手をかけることで自分の身のまわりのものへの愛着も増します。日々の暮らしを丁寧にすることにもつながります。

部屋も、自分も、ふるまいも、全部つながっています。どれかだけなんてことはありません。部屋を整えましょう。そうすれば、生き方が端正になります。

其の三

物を丁寧に扱うと、自分も人も大切にできる

物を丁寧に扱うと心にゆとりが生まれる

日本には物に命、魂が宿っていると考える文化があります。だからこそ、物を慈しみ、丁寧に扱うことを大切にしてきました。そんな心を大切にすると、幸せが増していくことを実感しています。どんな物もできるだけ丁寧に、両手で扱いましょう。軽い物ほど両手で、壊れ物を扱うようにそっとを心掛けましょう。片手で持つ場合も、もう片方の手を添えると、美しく丁寧な印象になります。

人に物を渡す時は、できるだけ丁寧に扱って渡してください。そうすると、丁寧に扱っているのは物そのものであっても、相手は自分自身が大切にされていると感じます。丁寧に物を扱うことは、自分も人も丁寧に扱うことと同じなのです。

そのためには、心の余裕やゆとりも必要です。イライラしていたり疲れていたりすると、つい物の扱いが雑になりがち。それは周りの人に伝わりますし、不快にします。自分自身のイライラや疲れも増します。物の扱い方は、人との関係にまで影響するのです。

心に余裕がない――そんな時ほど目の前の物を丁寧に扱うようにしてみましょう。心を変えるより、ふるまいを変えるほうが簡単です。物を丁寧に扱うことで、心が落ち着きます。それが優しさや心のゆとりにつながっていきます。

其の四

喜び上手は幸せへの一番の近道

喜び上手はたくさんのギフトが届く人

日々の中に喜びや感謝を見出し、それを素直に伝えられたら、幸せが増していきます。すてきな女性は喜び上手です。素直に喜びや感謝を表現します。うれしいと思ったら「うれしい」「ありがとう」と、笑顔で言葉にして伝えます。それは何よりも相手を喜ばせます。贈り物に限らず、助けていただいたり気遣っていただいたりと、感謝できることは、実はたくさんあるはずです。些細なことでも、些細なことこそ、しっかりと心を込めて感謝を伝えましょう。

喜び上手は喜ばせ上手。誰かのために何かをした時、喜んでもらえるとうれしいし、期待以上に喜ばれるともっとうれしくて、また喜ぶ顔が見たくなってしまうものです。自然と喜ばせたくなるのです。表現するのが苦手な人もいるかもしれませんが、心の中だけで喜ぶのはもったいないのです。ぜひ相手に伝えましょう。ただ素直に喜びを表すだけでいいのです。

喜び上手な女性が幸せになっていくのは、恵まれているからではなくて、日々の中で喜びの種を見逃さず、それを心地よい言葉で伝えて感謝し、互いに笑顔で過ごすことで、さらに心地よい環境をつくっていけるからです。幸せな気持ちでいる人には、たくさんのギフトが届くのです。

其の五

正しさより優しさを

マナーはジャッジするものではない

マナーは、かしこまったものでも特別なものでもなく、当たり前の日常の中にこそ必要なものです。知っていることで、こんな場合はどうしたらいい？に対する答えの選択肢が広がります。さらに、相手にとっても「一緒にいたら心地いい」が増します。

マナー違反をやたらと責める人もいますが、マナーは人をジャッジするものではなく、責めるためのものでもなく、100%守らなければいけないものでもないのです。正しさにこだわるのではなく、関わり合う人たちと心地よい時間を過ごし、心地よい関係を築くためのものです。もし間違ってしまった人がいたら、さりげなくカバーしたり、本人が気にされないようにふるまうことこそ、本当のマナーです。

大切にしたいのは、柔らかな思いやりです。正しいこと以上に、相手を傷つけない気配り、優しさを大事にしましょう。私は迷った時は、そのふるまいが人としてどちらがより魅力的かで選択したいと思っています。

とはいえ、マナー違反が過ぎると信用をなくすのも事実です。大人になるとなかなか指摘もしてもらえなくなります。だからこそ学んでおきたいですね。お互いがマナーを大切に考え、かといってうっかりしたマナー違反は気に留めない、こだわらない――そんな考え方でいると、心地よさが増していくはずです。

furumai techo CONTENTS

第2章

オトナ女子の所作

マナーと心得

第3章 オトナ女子の表情マナーと心得

第4章 オトナ女子の装いマナーと心得

第5章

オトナ女子の食事マナーと心得

第6章

オトナ女子の気遣いマナーと心得

第7章 オトナ女子の話し方 マナーと心得

第1章

オトナ女子の 姿勢 マナーと心得

美しい姿勢は自信になる

姿勢が美しいだけで、あなたのきれいは何倍にもなります。
姿勢を正すことは、今日からすぐにできる
きれいなオトナ女子への最短ルート。
背筋を伸ばして顔を上げるだけで、褒められることが
きっと増えます。心が自然と前を向きます。
気づいた時に姿勢を正す——。
まずはこの小さな繰り返しから始めてみてください。

レッスンポイント

・どんな時も背筋を伸ばして
・姿勢で体形まで変わる
・デコルテは女子の命
・きれいの第一歩は姿勢

姿勢

美しく立つことから始める

POINT

・両膝、かかとは付ける
・つま先はそろえるか、ほんの少し開いても
・耳、肩、骨盤、くるぶしが一直線上に

美しい姿勢の基本は立ち方

美しい姿勢は、真っすぐきれいに立つことからです。きれいな立ち姿は、あなたの魅力を最大限に引き出してくれます。生徒さんから、「いつもと同じ服なのに、今日はなんだか違う。お出かけですか？と言われました」「最近きれいになったね、とよく褒められるようになりました」といった声をいただきます。1か月間、姿勢を意識しただけでウエストが引き締まったという人や、数キロ痩せた人もいます。美しい姿勢は、凛とした心を生みます。ぶれない姿勢はぶれない思考につながります。美しい姿勢を意識し続けることが、心も鍛えてくれます。

自分でこまめにチェック

姿勢は自分でチェックできます。まずは壁を背にし、両膝を付け、かかととつま先をそろえて立ってみましょう。つま先は少し開いても構いません。**後頭部、肩、お尻、ふくらはぎ、かかと、すべてが壁に付くように**立ちます。上半身をしっかりと引き上げ、おへその下あたり（丹田）に力を入れ、お尻を内側に締めます。これが基本の正しい姿勢です。横から見ると、耳、肩、骨盤、くるぶしが一直線になります。

普段の頭の位置が、壁に付けた状態より、ずっと前だと感じる人が多いのではないでしょうか？　それは普段、あなたがうつむき加減だということです。肩が付かない人は猫背になりがち。腰と壁の間は手のひら一枚がすっと入る程度が理想です。大きく隙間が空く人は、反り腰になっている可能性が高いです。胸を張って腰を反るのはいい姿勢ではありません。反り腰は腰に負担がかかり、腰を痛めやすくなりますので、気をつけましょう。

反り腰の人は骨盤が少し前傾しています。骨盤を真っすぐに立て、お腹に力を入れて上半身を引き上げます。頭が上から引っ張られているようなイメージです。ゆっくりと鼻から息を吸い、口からゆっくりと吐きながら、おへその下の丹田の部分に力を入れて引っ込めていきます。繰り返しゆっくり深く呼吸してください。これを繰り返すことで、丹田に力を入れる感覚がつかめ、姿勢が整っていきます。

1日1回、壁立ちをしてチェックし、正しい位置を身体で覚えましょう。「歯磨きの時は壁立ちをする」などと決めると続けやすいです。毎日繰り返すことで身体が覚えてきたら、いつも壁が後ろにあるつもりで、美しい立ち姿勢をキープしましょう。エレベーターや信号を待つ時間、乗り物の待ち時間など、日常の中にチャンスはたくさんあります。短い時間からでいいのです。この時間は、「絶対に美しく立つ」と決めます。意識する時間を少しずつ増やしていきましょう。だんだんと、美しい姿勢で立っているほうが気持ちいいと感じるようになります。

姿勢を正せば気持ちも佇まいも変わる

不安で自信がない時も、丹田に力を入れ、背筋を伸ばして立つと「腹が据わる」という言葉があるように、ぐっと気合が入ります。また周りの人から見てもなんとなく、**粗末に扱えないと感じられるオーラ**が出ます。心と身体は一つだからこそ、うつむかずに、あごを少し上げて、真っすぐ前を見ましょう。心が身体についてきます。姿勢から心を整えることができます。

姿勢

デコルテは第二の顔と心得る

話す時は
デコルテごと向ける
NG
おやつ
何？
デコルテも顔！
ここまでが
顔だと思って！

デコルテとは？

首から胸元にかけての部分のこと。本来は襟ぐりが大きく開いたドレスのことでしたが、そういうドレスを着た際に肌が露出する部分のことも指すようになりました。

デコルテで品と華やかさを手に入れる

人と向き合った時、自然と目に入るのは、顔からデコルテのあたりです。自然と目がいく場所だからこそ、デコルテを魅せるという意識をもちましょう。デコルテをしっかりと開いた姿は、堂々として品があり、格段に美しく、女性らしさや華やかさが感じられます。デコルテは魅力の発信基地、女性らしさの象徴なのです。女性にとって大切な場所ですから、顔と同じようにお手入れをしたりマッサージをしたりとしっかりケアしたいですね。

現代はパソコンや携帯画面に向かうことが多いだけでなく、家事や育児なども、前かがみになることが多いため、女性はより猫背になりやすく、デコルテが縮まりがちです。でもそれはとてももったいない。

また、姿勢が悪いと、見た目の美しさを損なうだけでなく、首やデコルテにしわやたるみができる原因にもなります。この先のきれいのためにも、注意してくださいね。

デコルテを美しく魅せる姿勢のポイント

＊肩甲骨を後ろで寄せ、デコルテをしっかりと開きます。
＊デコルテを斜め45度上に向けます。レフ板効果で顔が明るく見えます。
＊首を真っすぐ上に伸ばし、肩は下げます。首も長く見えます。

デコルテを開いた美しい姿勢のためには、肩をしっかりと開くことが大切です。肩にかけての可動域を広げ、柔軟にしておきましょう。肩まわりのストレッチをすると首から肩の血液の循環がよくなり、肌のくすみがとれて顔が明るくなる効果もあります。簡単なストレッチをご紹介しますので、肩が丸まってるなと感じたら、①〜③の動きでやってみてくださいね。

①腕をラクにしたまま肩を前から後ろへ、後ろから前へと10回ずつ回します。
②左右それぞれの肩に手を置き、肩を内回りに10回、外回りに10回。肩甲骨から動かす気持ちでゆっくりと大きく回します。
③肩を耳に付くくらいまで上げ、ストンと力を抜いて落とします。数回繰り返し、

最後にゆっくりと肩を後ろに回してグッと下げます。その位置が美しい姿勢になる肩の位置です。

デコルテを意識した魅力倍増のポイント

「デコルテは第二の顔です」と、いつもレッスンでお伝えしています。人と向き合う時は、**顔だけでなく、デコルテまで相手に向ける**ことを心掛けてください。「心から、丁寧に、真摯に向き合っています」ということが伝わります。

相手が正面にいたら、自然と身体全体が相手のほうを向いていますが、横や斜めに座っていたり、後ろから声をかけられたりしたら、首だけを向ける人も多いようです。でも、首だけを向けるのと、デコルテまで向けるのでは、印象が全く変わります。

自分がされてみると、その違いがよく分かります。デコルテからしっかりと向き合ってくれると、心から向き合ってくれる人、話を真摯に聴いてくれる人と感じるでしょう。自分自身も相手に心から向き合いやすくなります。デコルテまで相手に向けることは、心から人と向き合うことなのです。デコルテは第二の顔、常にそう思っていましょう。

姿勢

背もたれは、ないものと思う

POINT

・骨盤を立て背筋を伸ばす
・丹田に力を入れる
・膝をきちんと付ける

心も身体ももたれない

美しい姿勢で座っている人がいると、思わず目がいきます。品を感じます。でも、それができている人は本当に少ないです。美しい立ち姿、座り姿を徹底して自分のものにしましょう。意識すれば誰でもできることだから、しないのはもったいないです。

そのために、普段からできることの一つが、「**椅子の背もたれに極力もたれない**」ことです。背筋が真っすぐ伸びた姿勢は美しいです。長時間になる場合は、もちろん背もたれを活用してもいいのですが、基本的にはないものと思っていると、それが習慣になっていきます。

どんな気分の朝も、美しい姿勢で座って仕事をスタートすると決めて実行していた生徒さんは、それが、自分だけでなく周りの人たちをも元気づけることになっていたと教えてくれました。気持ちは誰にでも浮き沈みがありますが、姿勢から心を整えていくことができます。常に美しい姿勢で座ることを意識しましょう。

姿勢

きれいのポイントは膝と足先

膝と足先、
そろえて
そろえて
ハイッ
ハイッ
キュッ
ピタッ
ほんの少し足先を
前に出すと
よりきれい

2か所をチェックして美しく座る

座り姿をさらに美しくするポイントは膝と足先です。膝と足先は必ずそろえましょう。膝と膝を付け、膝から下もできるだけ離さないようにするには、かなり筋力を使います。これをキープすることで、自然と筋肉が付いて、脚も美しくなります。また、足先をどこに置くかで見た目の印象が全く変わります。足先を膝より内に入れると足は短く太く見え、前に出すと長く細く見えます。この2か所をしっかり意識してみてください。

基本の座り方

・両膝を付けて、膝から真っすぐ下に脚をそろえて下ろし、両かかとを付けます。
・横から見た膝の角度は90度。
・手は太ももの中央あたりに重ねて置きましょう、指先まできれいにそろえます。

より美しく

・足を垂直に下ろした位置より足元を少し前に出すと、足が長く見えます。
・足先をさらに前に出し、足の甲（ここを足の顔だと思う）を伸ばすと、より足が細く長く見えます。

さらに美しく

・足をそろえて、斜め横に流します。
・かかとを上げ、足の甲を正面に向けます。
・下側の足は少し後ろに引きます。
・ふくらはぎの間に隙間を作らないようにしましょう。

美しい座り方をマスターする

「居住まいを正す」という言葉があります。居住まいとは、座っている姿勢や態度のこと。居住まいを正すとは、礼儀正しくきちんとした姿勢に座り直すことです。実際に姿勢をよくするだけでなく、背筋を伸ばす思いで、態度や気持ちをあらためる場合にも使います。お腹の力を抜いてラクに座っているよりも、居住まいを正すと、気持ちも引き締まるのは当たり前のことなのでしょう。

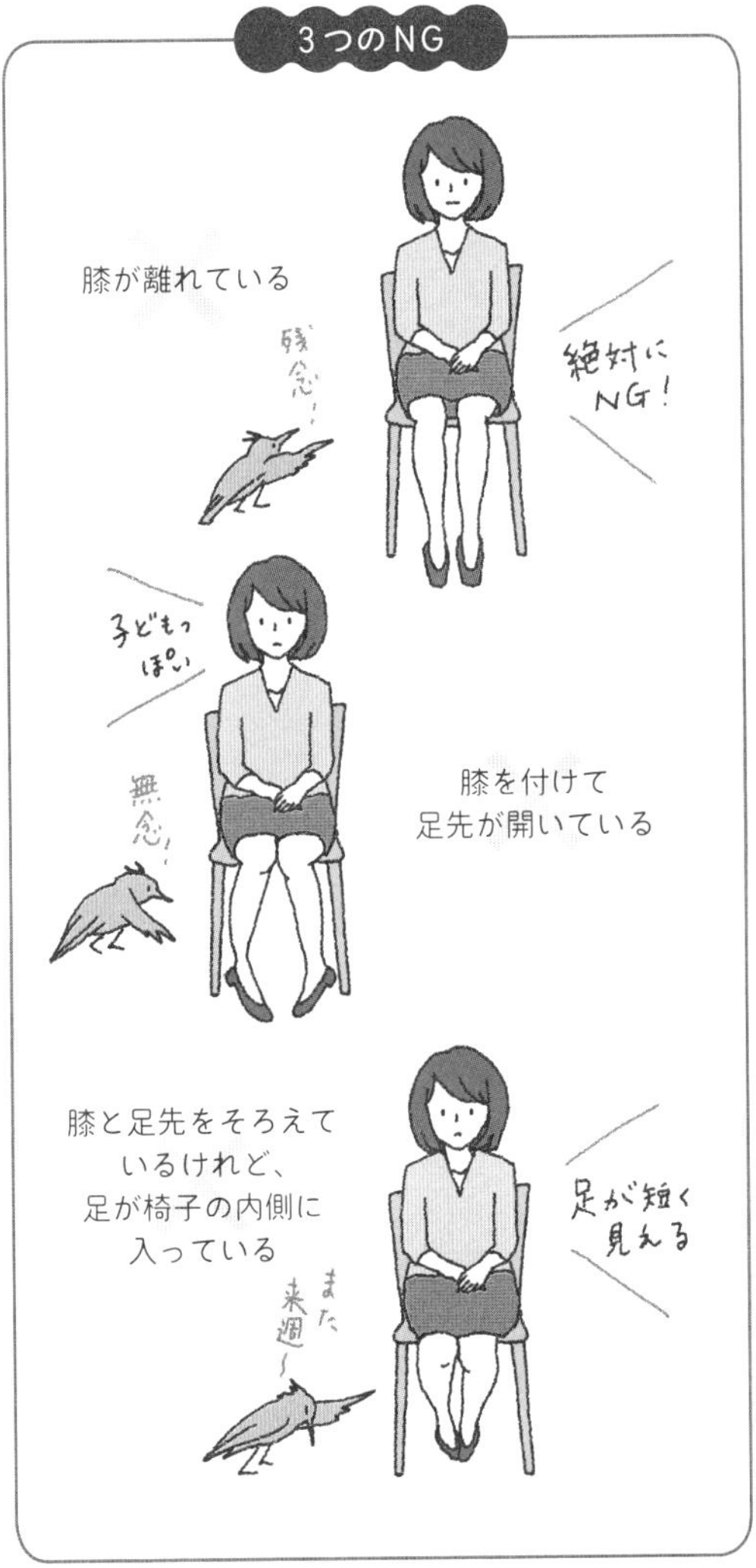
3つのNG
膝が離れている
絶対にNG!
残念!
子どもっぽい
膝を付けて
足先が開いている
無念!
膝と足先をそろえているけれど、足が椅子の内側に入っている
足が短く見える
また来週~

姿勢

本や携帯電話は美姿勢キープで見たい

NG 下を向きすぎる…

美意識が表れる、老け方を左右する

本や携帯に夢中になっていると、ついお腹の力が抜け、骨盤が後傾し、背中が丸くなりがちです。頭が肩より前に出た前のめりの姿は、美しくないだけでなく、首のしわや顔のたるみの原因にもなります。

本や携帯を見る時は、**下を向きすぎない**。これに尽きます。なるべく下を向かないようにするだけでも、首まわりのしわが予防できます。腹筋の力を抜かず、骨盤を立て、背筋を伸ばします。背もたれを使わず、耳、肩、腰のラインが横から見て一直線になる姿勢をキープしましょう。そしてなにより持つ位置が大切です。胸より少し上の高さで持ちましょう。頭を背骨の上に置いたまま、首を曲げずに、あごを引いて、視線を落とすだけで見られる位置です。立てて持つのもポイントです。この時、肘を身体に付けて持つと、とても美しい姿になります。

できるできないではなく、「こうありたい」と思う姿を思い描いて、気づいた時に姿勢を正す、それを続ける——そんな小さな積み重ねが未来のきれいをつくります。

姿勢

ポージング次第でフォトジェニックに

POINT

・きれいに写ろうとせず思いきり笑う。そのくらいでやっと普通の笑顔！

・撮影の瞬間の直前に、ぎゅっと目を閉じてパッと開けると目が潤う

きれいな写り方を知って写真を好きになる

ポージングで写真写りは変わります。お気に入りの写真が増えると、写真が好きになれたり、ちょっと自信がついたり……。ここでは大切なポイントをご紹介します。

＊真正面を向いて立つのではなく、身体を少し斜めにし、顔だけ正面を向くようにするとほっそりと写ります。肩甲骨を寄せ、デコルテをしっかりと開きましょう。

＊足はそろえてもいいですが、片足を斜め後ろに引き、前の足をカメラに真っすぐ向け、前足のかかとを浮かせて足の甲を見せるようにすると、きれいに写ります。

＊手はおへそのあたりで軽く組みます。手の甲を正面に向けるより小指側の側面を見せたほうが、立体感が出て、より女性らしくエレガントに写ります。

＊腕と腰との間に空間を作ると、ウエストラインが見えて、女性らしさが増します。手を身体の前で組んだり、片手をウエストに置いたりしましょう。手の位置が少し上がるだけで脚は長く見えます。ぜひご自身のベストな位置を研究してみてください。

第2章

オトナ女子の所作 マナーと心得

エレガントに見せるのは案外かんたん

所作には心が表れます。
心に余裕がなければあらゆる動作が雑になるものです。
まずは所作の一つひとつを丁寧に、
心を込めることから始めてみましょう。心が整います。
また、美しくエレガントな所作はひと手間が大切です。
そのひと手間を惜しまないで。
「気持ちに余裕のない時ほど丁寧に」を心掛けて。
日々繰り返すことで自然と身についていきます。

レッスンポイント

・ながら動作をまずは封印
・所作を磨きたければ筋トレを
・今より少しゆっくりを意識して
・余裕がない時ほど丁寧に

所作

ついやりがちな、「ながら動作」を封印する

一回一動作こそ エレガンスの源

「一回一動作」という言葉をご存じでしょうか？　これは、一度に一つの動作だけをするということ。つまり、「ながら動作」をしないということです。エレガントで美しい動きは「一回一動作」が基本です。一つひとつの動作に集中し、そこに心を込めます。エレガントと感じる人は、自然とこの一回一動作をしています。

ふすまの開け閉めを例にすると、まずはふすまの前に座り、中にいる人にひと声かけ、三手に分けてふすまを開けます。この一つひとつの動作をきちんと区切りつつ流れるように行うと、とても美しいです。

すべてが端正な美だと感じる茶道の動きも、基本は一回一動作。あいさつをしてからお辞儀をします。道具を持ってから立ち上がります。きちんと座ってから道具を置きます。一つひとつの動作を徹底することが、美しさを生みます。それは一意専心ということでもあります。

忙しい現代では、あれもしながら、これもして、ということが多くあります。いくつものことを並行しながら、手際よく進めることが必要な場面も、たくさんあるでしょう。だからこそ余計に、一つひとつの動作に心を込めた丁寧な所作は、人の心をつかむのです。

顔も見ずに何かをしながら返事をするといった、人と対している時の「ながら動作」は、自分が思う以上に相手を残念な気持ちにさせます。別に気にならないという人もいるかもしれません。ですが、そうされて、大切にされていると感じる人や、うれしいと思う人はいないでしょう。ささやかなことのようで、実はこういったことをおろそかにしないことが大切なのです。

また、忙しくても焦っていても、そんな時ほど、一つひとつの動作を丁寧にするほうが、結局はスムーズにいくことも多いものです。ミスを防ぎ、人に迷惑をかけないことにもつながります。一回一動作を心掛けていきましょう。

こんな動作に注意！

＊作業をしながらあいさつをしたり、パソコンの画面や書類などを見ながら指示をしたりするのではなく、**相手の目を見て**伝える。
＊歩いている時に携帯が鳴ったら、一旦**立ち止まる**。
＊あいさつを口にしながらお辞儀をするのではなく、**言葉を述べてから**お辞儀をする。
＊物を拾う時は、しゃがみながら拾うのではなく、**しゃがんでから**手を伸ばし拾う。
＊歩きながら会釈、ではなく、**立ち止まって**会釈をする。
＊携帯を見ながら一人ランチやお茶。**ながら食べ**は、美しくない。

所作

音をたてずにゆっくり動く

「ガサツ」な印象から卒業する

〝音〟は印象を左右します。 レッスンをしていて、「こんな方はいらっしゃいますか？」とお伺いすると、けっこうな割合で、「います、います」と皆さんが言います。「私もその傾向があるかもしれません」と言う人もいます。こんな方とは？ それは〝なにかと音をたてる人、たてる物音が大きい人〟のことです。

「出社されたら、誰が来たのか見なくても分かるんです。歩く時、やたら足音が大きい、椅子に座る時もドンッ、物を置く時はドサッ、コップを置く時も音がします。パソコンのキーボードを叩く音まで大きい。気になりだすと余計に気になるし、とても耳障りで、その人が動くたびに『なんだかなあ』と思います」と。でも本人は悪気もないし、全く気づいていない。なかなか本人には言いにくいと。関係性にもよりますが、大人になると、言ってもらえないことのほうが多いのです。そして、その人のことを一言で表現するなら、やはり「ガサツ」となってしまいます。

なんとなくガサツな人、なんとはなしに優雅な人、そんな印象の違いに大きく影響するものの一つが〝音〟です。物を置く時はそっと置く。動く時はすっと動く。なるべく音をたてないようにと思うと、おのずと丁寧な所作になります。元気にきびきびと動くのと、ガサツなのは違います。エレガントな大人の女性は、できるだけ音をたてずに動くことを心掛けたいものです。

また、スピードも大きく印象を左右します。動きはもちろん、話すのも「ほんの少しゆっくりと」が格段に上品です。ゆっくりであればいいというものではありませんが、早口で話すと人の心に残りません。話している内容を頭の中で思い描き、落とし込む「間」がないからです。同様に、バタバタと動くと、間や余韻がないのです。ものをそっと置くといった、最後までゆっくり丁寧にを心掛けた所作は美しい余韻が残ります。落ち着いた丁寧な所作は、心に余裕をもたらします。その余裕が周りをおもんぱかる力になります。ミスを防ぎ、効率も上がります。なによりエレガントな印象を纏うには、いつもよりほんの少しだけゆっくりと動くこと、話すことを意識してみてはいかがでしょう。

ゆっくり動くことからスタート

順天堂大学医学部教授、小林弘幸先生の著書『「ゆっくり動く」と人生がすべてうまくいく』を拝読しました。ゆっくり動くことで心が強くなります。呼吸が整い、自律神経が整っていくそうです。また、茶道などの日本の伝統文化や、テーブルマナーや行儀作法には、自律神経のバランスを整える効果がたくさんあるのだそうです。

ゆったりと余裕をもって動くエレガントなふるまいは、心を整える効果が高いのです。幼い頃から習っていた茶道のひと時は、普段の自分の生活とは全く違う時間の流れがとても心地よく、子どもながらも落ち着くことを感じました。穏やかな気持ちになれました。

マナーや立ち居ふるまいを伝えるようになってから、驚くほど心がフラットでいられるのも、こういうことだったのだと思います。**〝ふるまいは心をつくる〟**ということを、あらためて確信しています。

所作

颯爽とふるまいたければ筋トレを

気づいたら正す！
はっ！
腹筋・背筋を使う
よしっ！
じょじょに形状記憶される
筋力を使わない座り方
筋力を使う座り方

美しい動きにラクなものはない

立ち居ふるまいのレッスンをしていると、「こんなに筋力がいるなんて！」「筋肉痛になりました」という声をよく聞きます。美しく立つにも、座るにも、何をするにも体幹と筋力が必要です。美しく流れるような所作は筋力がものを言います。

猫背気味の人は、骨盤を立て、背筋を伸ばした姿勢で1時間ほど話を聞いた翌日は、ほぼ背中が痛くなります。美しく椅子にかけたり、物を拾うにも、脚力がなければふらつきます。膝をずっと閉じて座るには、太ももの内側の筋肉を使います。座ったまま足さばきを変えるのも、腹筋がないとなめらかにはできません。

いつまでも颯爽と美しい立ち居ふるまいでいたければ、筋力を使う所作を習慣にしましょう。運動ができれば理想的ですが、美しい立ち居ふるまいを徹底して意識するだけでも、筋トレになります。日々の所作を美しいものにするだけでも違います。丹田に力を入れると、インナーマッスルが鍛えられ、お腹ぽっこりもなくなります。意識し続けると、美しい姿勢でいるほうが心地よく、ラクになっていきます。

所作

数回のお辞儀より、一度の美しいお辞儀に価値がある

POINT
- 言葉とお辞儀は別にする
- 背中を丸めない
- 身体を起こす時ほどゆっくりと

「腰が低い」と「卑屈な印象」は紙一重

あいさつをする時、つい何度もお辞儀をしてしまう。相手に何か言われるとペコペコと頭を下げてしまう。そんなことはありませんか？　お辞儀はきちんとした礼儀であり、日本人ならではの敬意の表し方ですが、何度もお辞儀をする姿は欧米人には「バッタみたい」に見えることもあるそうで、時に卑屈な印象を与えかねません。あいさつをする時は笑顔で相手の目を見て、しっかりと言葉を交わしたうえで、一度だけ丁寧に頭を下げます。そのほうが格段にエレガントです。心を伝える手段だからこそ、たった一度のお辞儀に心を込めて、大切にしましょう。

お辞儀には次の3種類あり、シーンによって頭を下げる角度が異なります。

会　釈 15度：日常のあいさつ、部屋の入退室や廊下ですれ違う時

敬　礼 30度：お客様の出迎えや見送りの時、目上の方に敬意を示す時

最敬礼 45度：お詫びや深い感謝、重要なお客様を見送る時

角度にこだわるよりも心からの想いの深さに沿うと、自然なお辞儀になると思います。美しく端正なお辞儀のために、心掛けたいポイントは次の3つです。

言葉とお辞儀は別にする：お辞儀をしながらあいさつをすると、言葉は床に届きます。相手の心に届けるためには、言葉を言いながらお辞儀するのではなく、相手の目を見て笑顔で、しっかりと言葉を届けてからお辞儀をします。ここでも一回一動作を大切に。あいさつとお辞儀、それぞれに心を込めます。

背中を丸めない：背筋を伸ばし腰から折ります。手は横から、お辞儀に合わせて自然と前にきます。頭から腰まで、背中が一直線になっていることがポイントです。首だけを曲げる、あるいは背中を丸めてお辞儀をするのは美しくありません。また、そういう人は、目線が真下になっています。目線は斜め前を見るようにしましょう。そうすると顔を上げた時に、相手と自然に目が合います。顔を上げた時には、再度相手の目を見て微笑むことも忘れずに。

身体を起こす時ほどゆっくりと： お辞儀は頭を下げたら終わり！ではありません。余韻こそ大切です。すっと頭を下げたら、一拍置きます。そして、下げる時よりも心持ちゆっくりと上体を起こすと、丁寧な余韻が残ります。

特に会釈は、する機会が多いものですが、ペコッと首だけ曲げていたり、歩きながらだったり、何度もペコペコしたりする人が多いのです。一瞬立ち止まり、手をすっと重ねてあいさつをすると、印象が上がります。

エレガントで柔らかな美しいお辞儀の秘訣

ビジネスシーンでは、背中が一直線で、すっと腰から折れるお辞儀が美しく端正ですが、よりエレガントな女性らしさを感じさせるには、少し曲線を意識します。足を前後に少しずらし、手はおへその下で軽く組み、頭で弧を描くように、かすかに頭が遅れてついてくるようなイメージをもちましょう。その弧をまつ毛でなぞるようにお辞儀をします。そうすると、とても柔らかでエレガントなお辞儀になります。頭を下げた時に、髪が顔にかからない配慮も大切です。

所作

手首・指先で手の表情を美しく

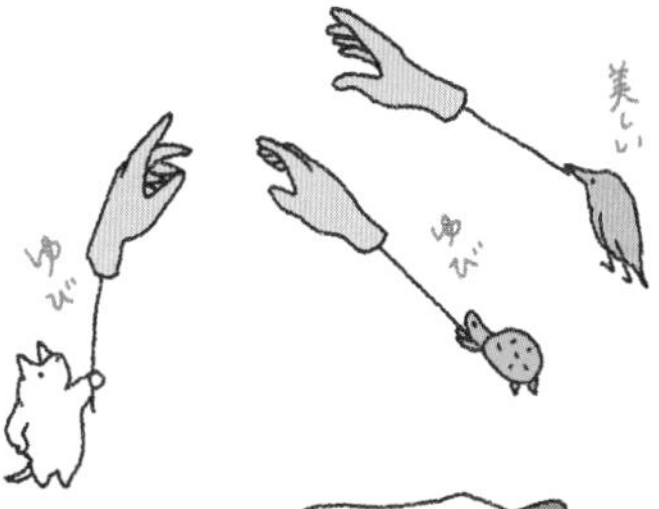

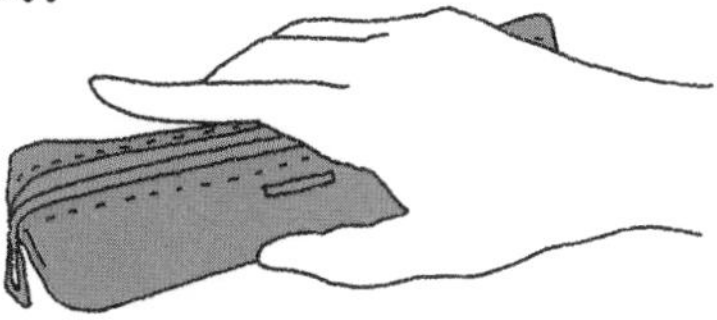

POINT

- 指をそろえる
- 親指、中指、薬指の3本を使う
- 手の中にゆで卵を包み込むようにふんわりと丸みをもたせる
- 人差し指は軽く起こし、伸ばす

エレガンスは指先に宿る

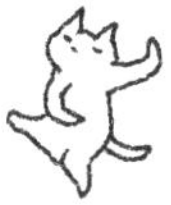

手は思う以上に人目につきます。手にも表情があり、その使い方には、その人らしさがよく表れます。ですが、自分の表情は意識しても、手の表情までは意識しない人は多いものです。手の使い方をレッスンすると「とても優雅な気持ちになれて、もっと丁寧な所作をしたくなります」と生徒の皆さんから聞きます。指先まで神経を行き届かせると、ご自身の纏う雰囲気が変わっていきます。

手を美しく見せる秘訣は手首

手首を軽く返し角度をつけると、上品さ、女性らしさが格段に増します。手を甲のほうへ、45度ほど反らします。そして手のひらから先を折ります。手首で谷折りにして、指の付け根で山折りにする感じです。手のひらの中に、ゆで卵を包み込むようにふんわりと指を曲げ、親指はたたむように内側に入れます。物を持つ時、身体に添わせる時など、日常のさまざまなシーンで使え、とてもエレガントな手先になります。

指は常にそろえる：指は広げず、どんな時も、ふんわりと柔らかくそろえておきましょう。人差し指を軽く起こし伸ばしておくとエレガントです。

何かを取り上げる時：5本の指でわしづかみにするのではなく、指をそろえ、親指、中指、薬指、主にこの3本の指を使います。人差し指と小指はそっと添えます。手に丸みをもたせ、人差し指を軽く起こし、すっと伸ばすと指が長く美しく見えます。壊れやすいものを扱うような気持ちで、そっと指の腹で持ちましょう。親指と人差し指だと無意識に力が入ってしまいがちですが、親指と中指を中心に持つことで、自然と繊細で丁寧な所作になります。

指し示す時：指ではなく、手のひら全体で指し示します。指は美しくそろえ、手のひらが見えるように指し示します。手のひらが見えると、心を開いている印象を与えますし、自分も相手もリラックスしやすくなります。

手のケアをする

手は目につくと言いましたが、誰よりも自分の目に入ります。だからこそ、きれいにしていたいですね。ある生徒さんは、「手をつないだ時に柔らかい手でいたいから、手のケアを大切にしています」と言っていました。すてきだなと思いました。こまめにハンドクリームを塗ることが、一番効果があるように思います。私は1日に何度もハンドクリームを塗るのが習慣です。バッグの中にもいつも入っています。

細やかなところまで行き届かせるのは、時間にも心にも余裕がないとできないかもしれません。だからこそ自分の心のバロメーターにもなります。できる範囲でいいので、手をかけましょう。手や指先まできれいにすると、手の所作まできれいになる人が多いです。

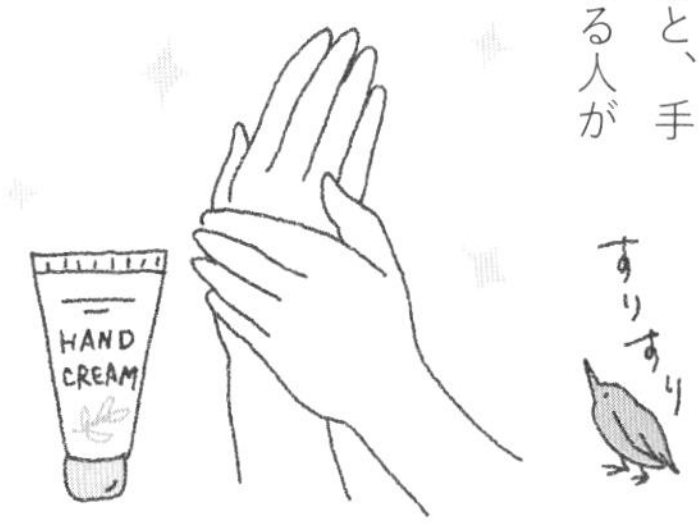

所作

手渡しは優しく、そっと丁寧に

1

胸の高さで持つ

2

相手に正面を向ける

3

言葉を添えて、
両手で丁寧に

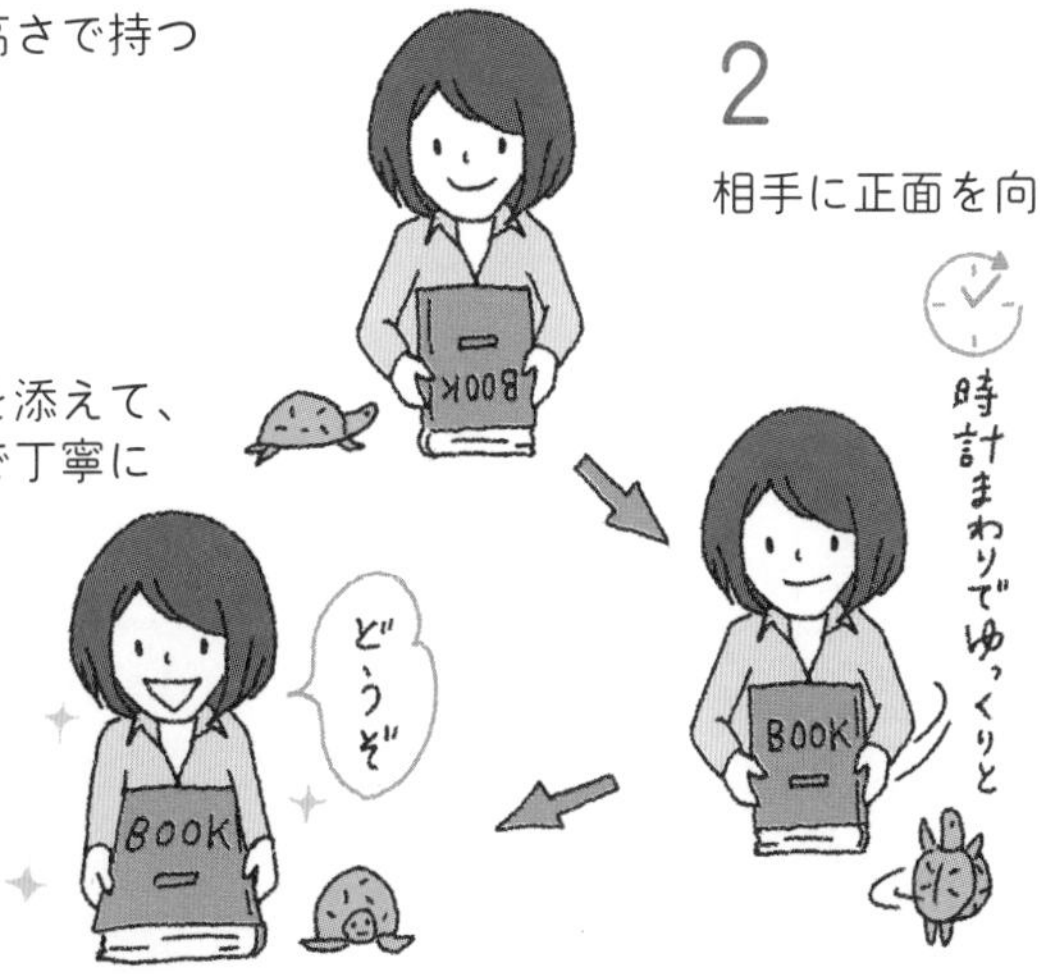

心に余裕がない時ほど心掛けて

丁寧なふるまいは、心に余裕をもたらします。心に余裕がない時ほど、あえて丁寧にふるまうことで、驚くほど心は落ち着くものです。どんな時も、物は両手で、あるいは片手を添えて扱うことを心掛けてみませんか？

どんな時も両手で、あるいは片手を添えて

何かを手渡す時には、**①胸の高さで持ち、②相手に正面を向け、③言葉を添えて、両手で丁寧に、**が基本です。一旦自分に正面を向けて確認してから、手元でゆっくり回し、正面を相手に向けます。このひと手間がとても丁寧な印象を生みます。そして、「〇〇でございます。どうぞ」と会釈をしながら、言葉を添えて笑顔でお渡しします。相手が受け取りやすい位置に、そっと置くような気持ちで渡しましょう。物を渡す――たったこれだけのことにも、たくさんの気遣いが込められます。

どんな時もそばまで行く

相手が少し離れたところにいたら、つい腕を伸ばして渡したくなるかもしれませんが、その人のところまで行って渡しましょう。ほんのひと手間を惜しまないこと。そうすると、受け取る人も、尊重され、大切にされていると感じるでしょう。また、身幅の範囲内で手を動かすと、より女性らしく品のある所作になります。脇を軽く締めたまま腕を動かすことを常に心掛けてください。そばまで行くことで、脇を締めた美しい所作で渡すことができます。

ペンを渡す場合は、まず、きちんとインクが出るかを確認。ペンを渡されて、書こうとすると掠《かす》れていることがよくあります。すぐ書いていただく場合は、キャップを取り、ペン先を出しておきます。ペン先を自分側にし、笑顔で、言葉を添えて渡しましょう。小さなものは片手で持って、もう片方の手を添えます。さらに相手が右利きか左利きかを読み取り、受け取ったらそのまま書き出せる向きにして渡せたらパーフェクトです。

急遽、現金をお支払いすることになった場合、お財布から出してそのままでもよいのですが、懐紙で挟んで渡すとよりスマートです。現金のままより美しく、それだけでも大人の気遣いを感じます。その時、懐紙の向きにも心を配りましょう。輪が相手の右側になるようにします。受け取った人は、本を開くように、左から右へ開けます。確認したり、取り出しやすいと思います。

どうしたら相手が受け取りやすいかをおもんぱかる

さりげなく心を配ることこそエレガントな女性の秘訣です。以前、ペンやお金を実際に前述のように渡されたことがあり、一瞬でその人の細やかな気遣いに魅了されました。そしてそれからは、真似をしています。自分がされてうれしかった、すてきだと感じたことを自分自身も人にしてみることで、心地よい循環が生まれます。そんな循環が増えていくことを願います。もちろん全く気づかれなくてもよいのです。相手に気づかれないくらいのさりげない気遣いこそ理想です。気遣いは人生の質を高めます。物を手渡す時だけでなく、どんな時にも相手の立場に立ってみることを大切にしましょう。

所作

椅子へのかけ方で差をつける

POINT

- 背筋は真っすぐのまま
- 視線も真っすぐ

座って
脚力と腹筋を使う
立って
せっかくならエクササイズにする！

そのまま沈み、そのまま上がる

椅子にかける時、たいていの人は、お尻を突き出し、背中を丸めて座ります。自然な動作ではあるのですが、より美しく座るには、上半身は真っすぐ立っている時の姿勢をキープします。椅子の正面に立ち、片足を引き、引いた足のふくらはぎを座面の前に当てます。そうすると後ろを見なくても、椅子との距離が分かるので、安心して腰をおろせます。背筋を真っすぐ立てたまま、垂直にそっと腰を落としましょう。

立つ時も、座った状態から、片足を一歩後ろに引きます。この時、膝は閉じたままにしましょう。背筋を真っすぐに伸ばし、前を向いたまま、真っすぐ上に立ち上がります。腹筋を緩めずに立ち上がりましょう。

いつもの座り方、立ち方と比べてみると、腹筋と脚力が必要なことが実感できるはずです。繰り返せば、すぐに慣れます。それとともに脚力も腹筋も自然とついていきます。美しい立ち居ふるまいは、自然と筋力がキープされるのです。

所作

背筋を伸ばして物を拾う

POINT

・拾う物にしゃがみながら向かっていかない
・体幹と脚力を使って真っすぐ下に腰を落とす
・足は前後にずらすときれい
・しゃがんだ時に膝が開かない

心の背筋も常に伸ばして

床にある物を拾う、一番下の引き出しから物を取り出す、脱いだ靴をそろえるなど、日常の中で、意外としゃがむことは多いものです。こういう時ほど美しい動きを意識すると、心の背筋も伸びます。

物を拾う場合、前かがみに腰を折って拾うのではなく、拾う物の横に立ち、背筋は真っすぐのまま、腰をすっと落とします。足はそろえてもいいですし、前後に少しずらすときれいにしゃがめます。膝は必ず閉じておきます。指をそろえて、すっと拾い上げ、もう片方の手を添えて両手で持ちます。

脱いだ靴をそろえる時などは、落ち着いているからできても、とっさのふるまいとなると、できないことも多いのです。レッスン中に、ペンを落とした生徒さんが、とっさにいつもの拾い方をし、その瞬間にハッと気づいて、「あ〜レッスンしたところなのに」と、思わず笑い合ったこともあります。とっさの時のふるまいこそ美しくありたいもの。日々意識をすることで、身につけましょう。

所作

曲線の動きで女性らしさは引き立つ

所作でどんなあなたにもなれる

同じ所作でも、それぞれにその人らしさが出るものです。例えば直線で動くと端正に、曲線で動くとエレガントな印象になります。

物を渡す時に、「指先をそろえ、美しく持ち、丁寧に相手に向けて渡す」のは同じでも「直線ですっと差し出す」か「曲線を描いてお相手のところにそっと着地するように差し出す」かで印象が違います。手で指し示す時も、「指先をそろえて手のひらを真っすぐにして、きりっと指し示す」のと、「手のひらに丸みをもたせ、花が開くように円を描いて、柔らかに曲線で差し示す」のではやはり印象が違います。ほんのわずかな違いでどんなあなたにもなれるのです。

ビジネスシーンであれば端正に、プライベートは柔らかに、と使い分けてもいいのです。いつも同じである必要はありません。ただ、どんな自分でありたいかだけでなく、どんな自分のふるまいがその場にふさわしいかは大切にします。それは、相手や周りの人たちへの配慮でもあります。

第3章

オトナ女子の表情マナーと心得

きれいな表情は言葉以上にものを言う

オトナ女子が意識すべきは、顔より表情。
年齢を重ねると、いつもしている表情が顔に刻まれ、
形状記憶のごとく未来のあなたの顔になります。
だからこそ、いい表情でいることを心掛けて。
また、人は言葉以上にあなたの表情から気持ちを読み取ります。
笑顔でいることはもちろん、なんでもない時の顔も大切に。
表情を意識すると、コミュニケーションが変わります。

レッスンポイント

・まずは口角を上げて
・気持ちを上手に顔に出す
・あごの角度で印象が変わる
・目は口ほどにものを言う

表情

表情豊かな人ほど愛される

表情が**顔に出ない**と
こんなに損する！

1 相手を不安にさせる

2 相手に気を使わせる

3 話しかけにくい

自然と人が集まる人に

表情が豊かな人、喜怒哀楽を素直に出せる人は、とても魅力的です。好感をもたれやすく、自然と周りに人が集まります。それは**人を「安心」させる**からです。表裏がない、分かりやすい、心を開いてくれている、そう感じられるからです。表情に出ないと、何を考えているか分かりづらく、相手に気を使わせてしまいます。もちろん感情をあまりにそのままに出しすぎるのは、大人として品がないですが、その時々の感情を上手に、素直に柔らかに出したいものです。

表情を豊かにするには、相手の話に心から耳を傾けることです。苦手な人は、恥ずかしい、照れくさい、緊張してこわばる、感情を見せるのが怖い、などいろいろな気持ちがあるのでしょう。ただそれはすべて自分視点です。相手の話に真剣に耳を傾け、自分の気持ち以上に相手の気持ちに心から寄り添ってみましょう。そうすると自然と感情が動き、話の内容に応じた表情がにじみ出てきます。心から寄り添える人、そんな人に人が集まってくる——愛されるのは当たり前なのかもしれません。

表情

口角を上げるだけで話しかけやすい人になる

POINT

- 口角を数ミリ上げる
- うつむかない
- 真顔は怖いと心得る

話し上手だけがコミュニケーション上手じゃない

初対面の人と話すのは、誰しも緊張します。自分から積極的に声をかけられる人ばかりではないでしょう。コミュニケーションが苦手な人はもちろん、得意な人にもぜひ意識してほしいこと、それは、**話しかけやすい人になること**です。話しかけやすいというのは、とてもすてきなことです。話しかける時、何かを尋ねたい時、**人は無意識に人を選んでいる**からです。

うつむかないことは基本です。さらに、どんな表情をしているかで、話しかけやすさは決まります。にこやかな笑顔はもちろん大切ですが、なんでもない時の表情も大切です。真顔は案外怖いもの。ほんの数ミリ、口角をキュッと上げておく、そんな意識をしているだけで、表情が柔らかになり、話しかけられやすくなります。

話すことが得意でなくても、話しかけられやすい人になることで、コミュニケーションの機会は自然と増えます。出会いのチャンスも増えていきます。

表情

うれしい、楽しい、おいしいを口にするのは最高の美容

POINT

鏡を見ながら、「うれしい、うれしい、うれしい」と、だんだんボリュームとトーンを上げて3回繰り返す

気づくと口角が上がっている

顔は生き方で変わります。あなたが日々、どんな顔で過ごしているか――笑顔でいるか、優しい表情でいるか、振り返ってみてください。うれしい気持ち、優しい気持ち、楽しい気持ち、そんなプラスの気持ちをたくさん周りの人に届けてください。プラスの言葉をたくさん口にしてください。「うれしい」「楽しい」「おいしい」といった言葉を口にした時の自分の顔を見てみると、口角がキュッと上がるのが分かります。自然とよい表情になります。最高の美容です。

表情だけではありません。前向きな言葉をかける人は前向きに、優しい言葉をかける人は優しくなっていきます。プラスの言葉を口にすると「叶う」になります。夢だって叶います。できるだけプラスの言葉を、自分にも、人にもかけましょう。どんどんすてきな表情になっていくはずです。日々口にする言葉が、自分の顔をつくっていくのですから、「うれしい」「楽しい」「おいしい」といったプラスの言葉を口癖にしましょう。

表情

微笑みのお手本は仏様

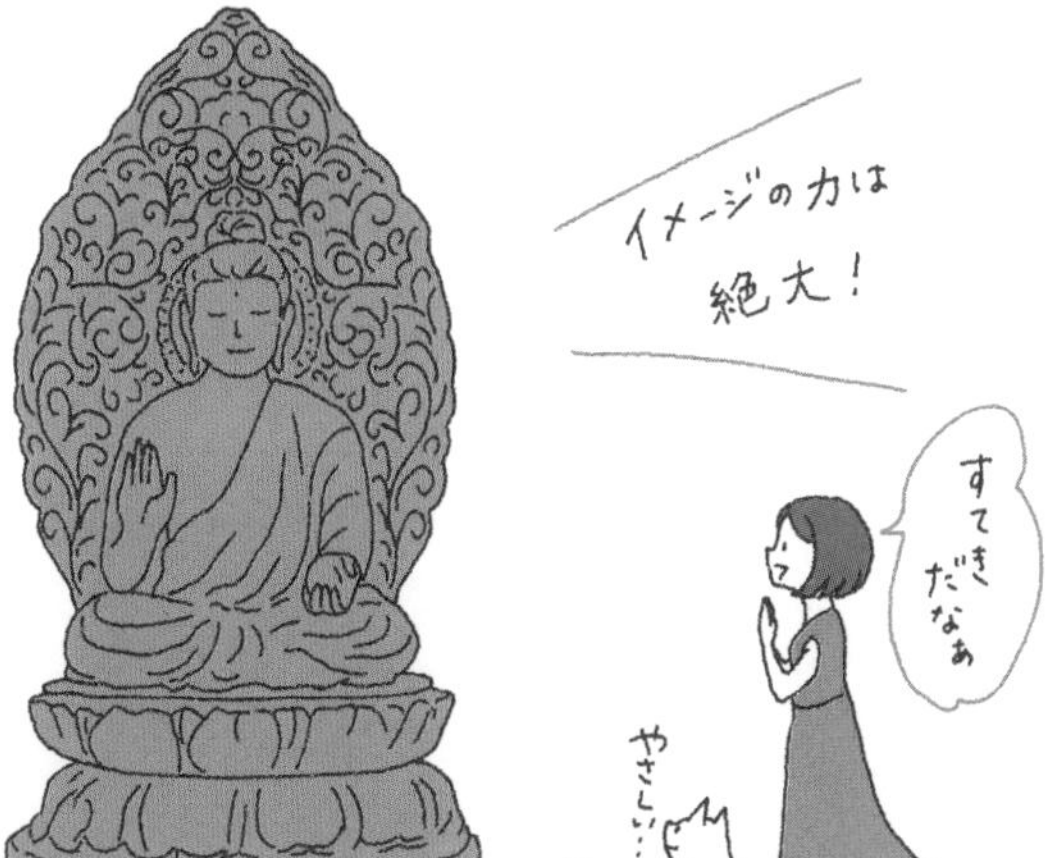
イメージの力は絶大！
すてきだなぁ
やさしい…
ありがたや
とり目にやきつけよう

大切なのは全面的肯定感

微笑みを絶やさない女性はすてきです。穏やかな微笑みは人を幸せにします。それだけで優しい気持ちにしてくれます。それは、微笑みのもつ最大の魅力ではないでしょうか。

私は、実家が奈良のお寺でしたので、仏像を日々、間近に見て育ちました。そして、慈悲深いまなざしの仏様の微笑みは最高のお手本だと、年々感じるようになりました。すべてを受け入れ、受け止めてくれるような安心感、肯定感を感じます。

微笑みを絶やさない女性でありたいと思ったら、人を、そして物事を、できるだけそのまま受け止めることです。受け止めるには強さが必要ですが、その強さこそ、微笑みの源だと思います。

心掛けたいのは、人を否定するのではなく、まず受け止めてみるということです。

人それぞれ考え方が違って当たり前、価値観が違って当たり前です。意見が違ったら、あの人は合わない、と思うのではなく、そういう考え方もあるんだと受け止めます。相手の考えを認め、尊重する一方で、自分の考えはしっかりもっておきます。気負うことなく、相手のことも認め、自分も認められる——そんなふうにフラットでいたいですね。また、許せない人がいたとしても、許すことを選んだら、それは何よりも自分を強くすると感じています。

人だけでなく、物事に対してもそうです。いろいろなことがあります。いいことばかりの人なんていないでしょう。ですが、どんなことがあっても、その状況がずっと続くわけではないのです。必ず変わっていきます。つらいことほど、乗り越えた時には自分の力になります。人を受け入れることも、先を見据えて困難を乗り越えることも、どちらも強さが必要ですが、そんな心の在り方、フラットな心の強さは、ふるまいを磨くことでつくれます。

大切にされたいなら、人を大切に

ふるまいを磨くと大切にされることが増えていきます。「人を大切にしなければ」

「大切にされたいから」などと考えているわけではなく、ただ丁寧に心を込めてふるまうと、それが、自然と人を大切にすることになっているのです。そしていつの間にか、それは自分にも返ってきて、自分自身も大切にされます。大切にされることは自己肯定感を高めますし、あらゆることへの肯定感へとつながっていきます。たった一人でも、心から自分のことを想ってくれる人がいると、人は強くなれます。そういった気持ちが、自然と表情に出るのが微笑みなのだと思います。

「自分を大切にできないと、人を大切にできない」といったことがよく言われます。決して間違ってはいません。自分の気持ちは二の次にして、人のことばかり考えてしまう人には、特に大切なことかもしれません。でも、まず人を大切にしてみてもいいと思います。

心を込めたふるまいをし、誰かを本当に大切にできたら、きっと心からあなたを大切にしてくれる人が現れます。穏やかな微笑みでいられる心をつくりましょう。そんな心になれるふるまいをしましょう。

表情

あごの角度で見た目の印象は別人になる

グイッと上げる
→ 横柄に見える
上げずに真っすぐ向く
→ 誠実に見える
あごの角度で
こんなに変わる！
声まで変わる！
ぐっと引きうつむく
→ 卑屈に見える
あごの角度でこんなに違う！

角度で目線も声も印象も変わる

実は、話は、**聞かれているというより、見られているようなもの**なのです。どんな姿勢で、どんなしぐさで、どんな表情で話すかによって、同じことを話しても、印象も、伝わり方も、全く違うものになります。例えば、あごの角度が変わるだけでも、あなたの印象が変わります。目線も、声の通りやトーンまで変わります。最も誠実な印象を与えるのは真っすぐに相手を見ることです。意外と気づかない癖があったりします。人と話す時はちょっと意識してみてくださいね。あえて、その場にふさわしい印象を選ぶのもありです。

- あごを**グイッと**上げる……**横柄**
- あごを少し**上げる**……**余裕**
- あごを上げずに**真っすぐ**向く……**誠実**
- あごを少し**引く**……**控えめ、思慮深い**
- あごをグッと引き**うつむく**……**卑屈**

表情

居心地よい人は相手の目をじっと見ない

基本

顔全体、眉間から首元くらいまで

明るい印象を与える

額のあたり

柔らかな印象を与える

鼻の頭や口元のあたり

目を見て話すことが大切と言うけれど……

話す時も聞く時も、相手の目を見ることは基本であり、大切なことです。ですが、相手の目を**じっと見てはいけない**のです。じっと見つめられたら、思わず目をそらしたくなりませんか？ 実は相手の目をじっと見ることは、相手を**射すくめる**ことになってしまうのです。それは決して居心地がいいとは言えないこと。居心地のよさ、感じのよさは、人と人とのお付き合いのうえではとても大切です。一緒にいると居心地がいいな、そう思ってもらいたいですね。

本当に相手の目を見ていいのは2秒程度。「目を見て」とはいっても、目だけをじっと見るのではないのです。基本は顔全体、眉間から首元くらいまでの範囲に目をやります。額のあたりを見て話すと、少し目線が上がり、活き活きとして明るい印象になります。鼻の頭や口元のあたりを見ると、かすかに目線が下がることで、より柔らかな印象になります。わずかな違いですが、近距離でお話しする場合、相手が居心地よく感じる目線を意識してみてくださいね。

表情

どうしても分かってほしい時は瞬きしない

するとしないで大違い。目で上手に主張する

目線のテクニックでもう一つ、意見や願いが通りやすくなる秘訣をご紹介します。相手の目を見てお話しすることは基本ですが、「これだけは分かってほしい」「ここは大切なポイントだからしっかりと伝えたい」「自分の考えを主張したい」といった時には、**瞬きをしないで話す**ということです。瞬きをしないで、目にグッと力を入れて、相手を見つめて話します。そうすると、真剣さ、想いの強さがより伝わります。

「目は口ほどにものを言う」というように、目で伝えられることはたくさんあります。日本人は、特に海外の方よりも、目から気持ちを読みとる傾向が強いそうです。逆に海外の方は口で読みとろうとするのだとか。目の表情から気持ちを読みとろうとする日本人だからこそ、目力は意識していたいですね。目をギュッと閉じて、パッと開く、これを数回繰り返すだけでも目が潤って、より輝きのある魅力的な瞳になります。目で想いは伝わります。

第４章

オトナ女子の装い マナーと心得

身に纏《まと》うものはあなたそのもの

身だしなみを整えることもふるまいの一つ。
装いは、あなたがどんな女性なのかを物語ります。
装いはあなたの内面を映し出すものだからこそ、
心を行き届かせましょう。
装いで相手への思いも表現できます。
時には自分の好きより相手の立場を考えた、
場にふさわしい装いが
オトナ女子の選択の正解です。

レッスンポイント

・どんな服を着るかもあなたの人となり
・TPO を押さえると自信になる
・時には自分の好きよりふさわしいを選ぶ
・装いには相手への想いを込める

装い

清潔感は信頼を生む。きちんと感はきれいを生む

毎日、鏡の前で
360度チェック!
お手入れ
サイズ感
TPO
先端
くるっ
くるっ

大人になるほど必要なもの

メイクやファッションなど、すべてを取り払ったあなた自身を輝かせるのがふるまいだとお伝えしました。そういう意味では「装い」はふるまいから少し外れます。ただ、装いは内面の一番外側とも言われます。ファッションとしてというより、身だしなみを整え、装いのマナーを守ることが、周りへの心遣いの表れでもあるという面から、ふるまいの一つとしてご紹介します。

清潔感のある装いは大人になるほど必要なものです。**清潔感＝信頼感**です。清潔かどうかではなく、清潔感があるかどうか。それは**〝行き届いている感〟**と言ってもいいかもしれません。細部まで意識が行き届いている人は、他のことも行き届いている人だと判断されます。それが信頼につながります。

逆を言えば、どんなに仕事ができても、見た目の清潔感がないと、本当にこの人で大丈夫だろうか？と不安になるということです。他者からのほうが粗は見えやすいからこそ、相手に不安を抱かせない装いは大人としての大切な配慮です。

また、きちんと感も必要です。若い頃は少しくらいだらしなくても、若さがカバーしてくれました。ですが30代以降は疲れや緩みが見えやすくなり、だらしないと目も当てられない自分になることを知っておいてください。だからこそ、**「きちんと感」**が大切なのです。

「きちんと」は、思う以上の力をもっています。きちんとするときれいに見えます。きれいな人がきれいなのではなく、**きれいにしている人がきれい**なのです。ということは、心掛け次第でどんどんきれいになれるということです。

細部まで神経を行き届かせましょう。面倒だなって思う日も「ちょっとだけ頑張ろう！」と自分との小さな戦いをしましょう。毎日自分なりのきれいを積み重ねましょう。できる範囲できちんとを心掛けていると、年齢を重ねてから「きれいですね、すてきですね」と言われることが増えていきます。そんな方がたくさんいます。

装いのチェックポイント

＊お手入れ：プレスが利いたもの。汚れ、しみ、しわ、ほつれ、毛玉等のないもの。
＊サイズ感：サイズはとても重要。合っていないと、きちんとした端正な印象にならない。身体にフィットし、きれいなラインが出るよう、合わないところはお直しを。特にジャケットやスーツはサイズが重要。
＊TPO：その場にふさわしいものを。どんなにすてきでも場にそぐわないと残念。
＊先端：先端まで美しく。「美は先端に宿る」と言われるように、とても大切。指先、髪の先、足の先（靴）まで神経を行き届かせて。

きちんと装い、丁寧にふるまうことで、きれいになっていく方をたくさん見てきました。きちんとした装いは清潔感にもつながり、心にもスイッチを入れてくれます。その積み重ねが、自分のことより周りのことを見られる、心の余裕にもつながっていきます。

装いで相手への敬意や思いやりを表現する

おしゃれ＜ふさわしい
どっちがいいかな
自分のため＜相手のため
こっち
こっち
そっち

装いは相手のためにから考える

おしゃれは自分のために、好きなものを纏って個性を表現することです。大人の女性はそこからさらに一歩進んで、周りに配慮する装いも必要になります。自分が何を着たいかだけではなく、相手のこと、さらにどんな場なのかを考えることも大切です。装いで気持ちが表現できます。お会いする方への気持ちを装いに込めましょう。

装いへの配慮でうれしかったことがあります。その方は私との時間を心待ちにし、私をイメージしたアクセサリーを手作りし、自分もデザイン違いだけれどどこかおそろい感のあるアクセサリーを身に着けておいでくださいました。私のことを考えながら準備してくださった、その時間と気持ちを思うだけでうれしさも倍増しました。

全く逆のエピソードもあります。お子さんの結婚式に、相手の親族があまりにもカジュアルな装いで出席したことに、なんとなく自分たちがバカにされたように感じたという方もいました。結婚式は、人生の節目であるお祝いの場です。結婚する二人のことも、相手の家族のことも大切に思うからこそ、お祝いの気持ちを装いに込めるのです。装いだけで気持ちをはかることはできませんが、それでも相手の家族をがっかりさせてしまうのは残念なことです。

また近年、家族葬が増えてきました。「家族葬でもきちんとした喪服を着ないといけませんか？」と尋ねる方がいます。喪服は誰のために着るのかというと、一番は故人のためです。故人への気持ちの表し方でもあるからこそ、やはりきちんとした装いで礼を尽くしたいものです。

迷ったら主催者や会場に問い合わせを

何らかの会の場合は、その会の趣旨や、どういった集まりなのか、どんな装いが求められているのかを考えるようにしましょう。参加者の服装は、**〝その場の空気をつくる〟とても重要な要素**だからです。主催者は当日までに、心をくだいて多くの準備を重ねています。場にふさわしい装いをすることは、招いてくださった方や、ご一緒する方に対する敬意の表れでもあるのです。華やかなお祝いの場なら、主役を引き立てつつ華を添え、会を盛り上げるような装いで。あまりにもその場にそぐわない服装

だと、場の雰囲気を壊してしまうことにもなりかねません。それは、自分が恥をかくだけでなく、招いてくださった方にも迷惑をかけてしまいます。

自分のためだけに装うことは、マナーとしてもNGであり、決してエレガントなふるまいではありません。特に格式ある場では、自分の個性を表現する装いよりも、**「場の雰囲気を守ることのほうが大切である」**ということを心しておきましょう。

招待された場合、その会の趣旨や会場に合わせて、ドレスコードが指定されていることがあります。特に指定がなく、ドレスコードに悩む場合は、主催者や会場に問い合わせましょう。

高級レストランなどでは、お店の雰囲気を守るために、あらかじめドレスコードが決められていることも。このような服装の方はお断りしますと明記されている場合もありますし、その場に適した装いでなければ、サービスが変わることもあります。それくらい装いは大切なのです。ドレスコードがある場はもちろん、ドレスコードがない場であっても、相手への敬意を装いに込めることを大切にしましょう。

冠婚葬祭の装いのポイント

ここでは、フォーマルな場である結婚式・お葬式の装いと、大切なポイントをご紹介します。

結婚式の装い

結婚式は厳粛な式典でもありますので、花嫁より目立ってはいけませんが、お祝いの気持ちを表現する華やかで礼節のある装いで。昼間の披露宴は肌の露出を控えます。挙式に参列する場合は、時間帯に関係なく肌の露出は控えましょう。花嫁の色とされる白は避け、ワンピースやツーピースで。共布のバッグと靴が正式ですが、現代は皮製品が多いので、殺生を連想させる毛皮やワニ革など爬虫類系でなければよしとされています。素足、黒のストッキングや網タイツなどは控えましょう。

お葬式の装い

喪服を着て、控えめなメイクと髪型で。結婚指輪以外は外すか、着けるなら一連の

真珠のネックレス（二連は不幸が重なるとして避けます）を。ヘアアクセサリーも黒で、ネイルは取るか黒の手袋をしましょう。バッグや靴も黒が基本です。できる限り装飾や光沢のないものを。ワニ革などの爬虫類系は避けます。コートなどもできれば黒がよいですが、ない場合は控えめな色で。白のハンカチ、弔事用の袱紗《ふくさ》、数珠《じゅず》など、一式をきちんとそろえておきたいですね。

覚えておきたい スマートカジュアル

レストランでの食事は〝スマートカジュアル〟というドレスコードが主流です。格式のあるレストランでも、家族や友人、恋人同士などで私的に食事する場合は、それほど堅苦しいスタイルでなくても大丈夫なことがほとんどです。具体的には、結婚式などのフォーマルな服よりカジュアルで、普段着よりもきちんと感のあるスタイル。華やかでエレガントなワンピース、ブラウスとスカートといった装いを指します。招待状に「平服で」と書かれたカジュアルな二次会、レストランやホテルでの食事会、同窓会、気軽なパーティーなどにも。Tシャツ、ショートパンツ、スニーカー、ジーンズ、サンダルなどカジュアルすぎるものはNGなので注意しましょう。

装い

品ある
オトナの靴選び

よしッ
これで
安心…
ストッキングは
マスト
足の指やかかとが
見えないもの
ヒールがあるもの

フォーマルな場では…

靴の選び方にもマナーがある

服同様に、靴にもマナーがあります。普段は好きなものを、フォーマルな場では場にふさわしいものを、洋服と同様に押さえておきましょう。

フォーマルな場での靴選びのポイント

＊足の指やかかとが見えないこと
＊ヒールがあること
＊ストッキングを必ず着用すること

基本として、つま先とかかとが覆われたプレーンなパンプスが、最も格の高いフォーマルなものになります。フォーマルな場では、足の指を見せないのがマナー。オープントゥ、サンダル、ミュールなどは避けます。またブーツも、あらたまったシーンでは避けると覚えておきましょう。

冠婚葬祭などのフォーマルな場は、つま先とかかとが隠れるプレーンなパンプスで。ヒールは、ある程度の高さで細いもののほうが、よりフォーマルな装いになります。あまり低いものや太いものはカジュアル感が強くなります。ストッキングは必ず着用しましょう。素足はマナー違反です。結婚式、披露宴などでは、品位ある選択をすることは、招待してくださった方への心配りでもあります。相手の立場を思うことがエレガントさの秘訣です。

サンダルやミュール、ブーツは要注意

サンダルやミュールは、どんなにおしゃれでも、フォーマルな場では避けましょう。また、夏は素足にサンダルやミュールといった装いが増えますが、およばれしたお宅に裸足で上がることがないようにしましょう。突然の外食で、和室に上がらなくてはならない時、突然およばれした時などのためにも、素足で出かける時は、靴下やパンプス用の靴下などのかさばらない物を一つバッグに入れておくことをおすすめします。ちょっとした心遣いが、あなたをエレガントな女性にしてくれます。

乗馬靴として使われていたブーツは、秋冬の装いをおしゃれにしてくれますが、や

はりカジュアルなものです。ロングブーツ、ブーティーなどのショートブーツも、フォーマルな場や格式の高いレストランなどでは避けましょう。

ビジネスシーンでも靴は大事

ビジネスシーンでは、職場に応じたものを履けばよいのですが、露出が少ないほうがベターです。つま先もかかとも覆われたパンプスが一番品もあり、誰と会っても失礼のない、安心な装いです。ストッキングも着用します。通勤は歩きやすい靴で、オフィスに着いたら履き替えるというのもよいと思います。

仕事のスタイルも多様化していますので、カジュアルな装いでいいところも増えています。足の健康のために、スニーカーやコンフォートシューズもすっかり定着しました。ですがビジネスシーンでは、急な事態やあらたまった場面でも対応できるよう、履き替えを用意しておきましょう。

プレーンなパンプス一足で、ご一緒する方への敬意や、その時間を大切に思っていることを表せます。自分の好きを大事にしながら、相手のためにも考える——両方のバランスを上手にとれる靴選びをしたいですね。

装い

美しいバッグはレディのたしなみ

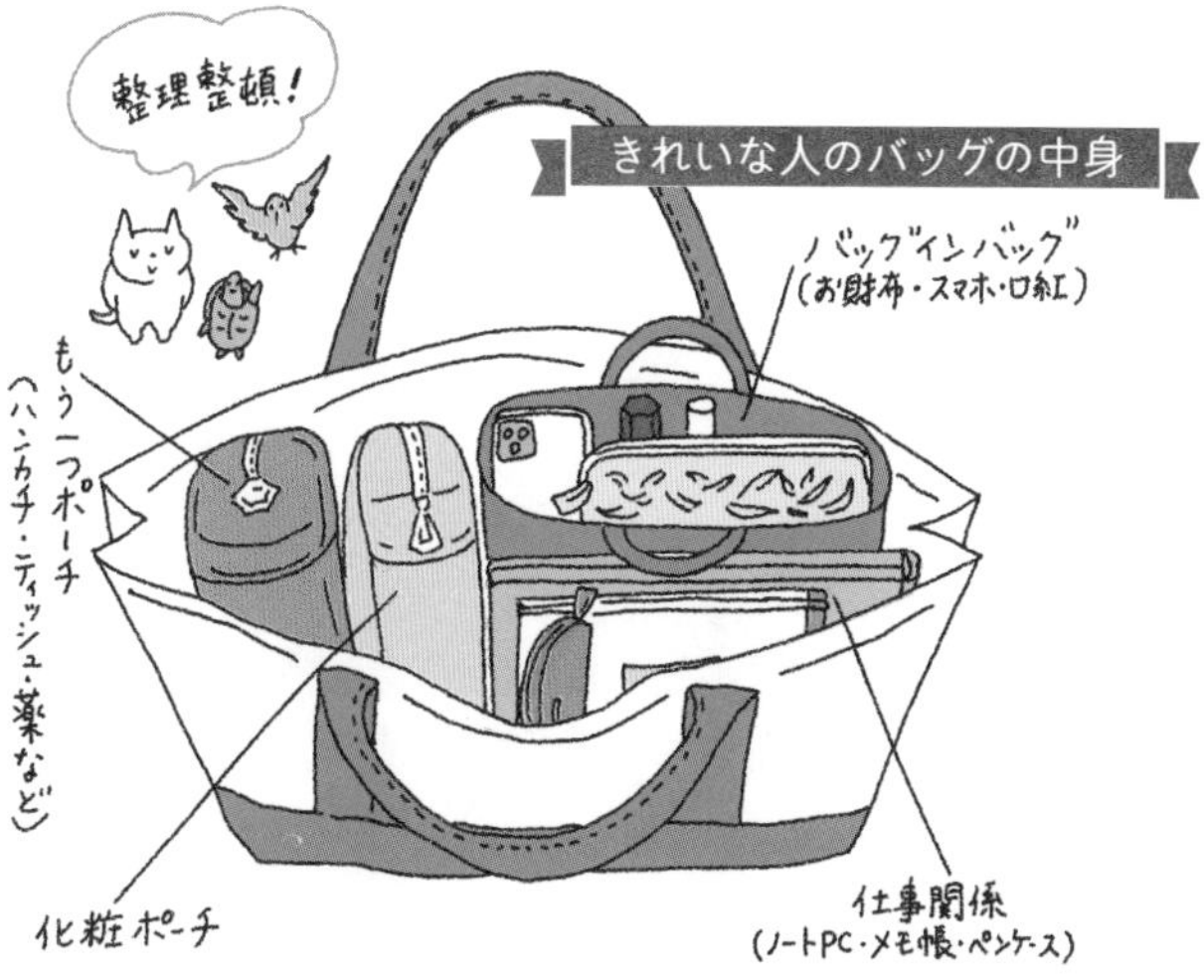
整理整頓！
きれいな人のバッグの中身
バッグインバッグ
（お財布・スマホ・口紅）
もう一つポーチ
（ハンカチ・ティッシュ・薬など）
化粧ポーチ
仕事関係
（ノートPC・メモ帳・ペンケース）

バッグの中はあなたのお部屋

女性の装いに欠かせないバッグ。持ち方次第で印象も大きく変わるので、美しい持ち方をぜひ知っておきたいですね。また、美しく持つこと以上に大切なのは、バッグの扱い方。そこにはあなたの本質がそのまま出ると言っても過言ではありません。

残念な人のバッグに共通すること

扱いが雑・手入れが行き届いていない

汚れていたり、はげていたり、傷みがあるものをそのまま使うのは、やはり雑な人という印象に。物を大切にする姿勢は人を大切にする姿勢に通じます。

バッグが開けっ放し

バッグに限らずなんでも開けっ放しにする人は、おおらかさは感じますが、だらしなさや雑な印象も強くなります。間口が広かったりファスナーのないバッグの場合は、ハンカチやスカーフで目隠しをするようにしましょう。

バッグの中が整理できていない

バッグの中はきれいに整理しましょう。きちんと入っていたら、物を取り出す時も、美しい所作でスッと取り出せます。化粧ポーチや財布も同様です。化粧ポーチは汚れがちですし、財布はレシートなどが溜まりがち。毎日、帰宅したらバッグの中の物を一旦全部出してチェックする習慣をつけると整います。毎日が難しいという人は、まずは週末だけでもやってみましょう。ちなみに、小物やポーチやハンカチなどをお気に入りのものにすると、バッグの中をきれいにしたくなるのでおすすめです。

バッグの中を片付けるポイント

＊できるだけ必要最小限を意識する
・不要なものを入れない　・あってもなくてもいいものは入れない
・次の日に使わないものは、その日のうちに出す
＊カテゴリーごとに分けてポーチに入れる
＊ポーチを持ち歩きたくない場合はバッグインバッグを活用する

印象アップ！

バッグの持ち方のポイント

ハンドバッグ

腕にかけて持つ場合、肘から先を外に広げて持つのではなく、身体の前に持ってくるときれい。逆手ではなく順手で持ちます。腕は身体から離さずに身体に沿わせて。

ショルダーバッグ

ストラップを握らず手を添えます。手首を返して、親指でストラップを押さえます。大きめのトートバッグ等を肩にかける場合も、持ち手は握らず、手を添えましょう。大きめのバッグは前下がりに肩にかけるときれいです。

キャリーバッグやリュック

美しく持つことより、人に迷惑をかけないことを大切に。キャリーバッグやリュックは、他のどれよりも気遣いが必要なもの。気づかないうちに誰かの迷惑になっていないか、いつも周りを見て十分に注意することが必要です。

装い

色を味方にして、できることはいろいろ

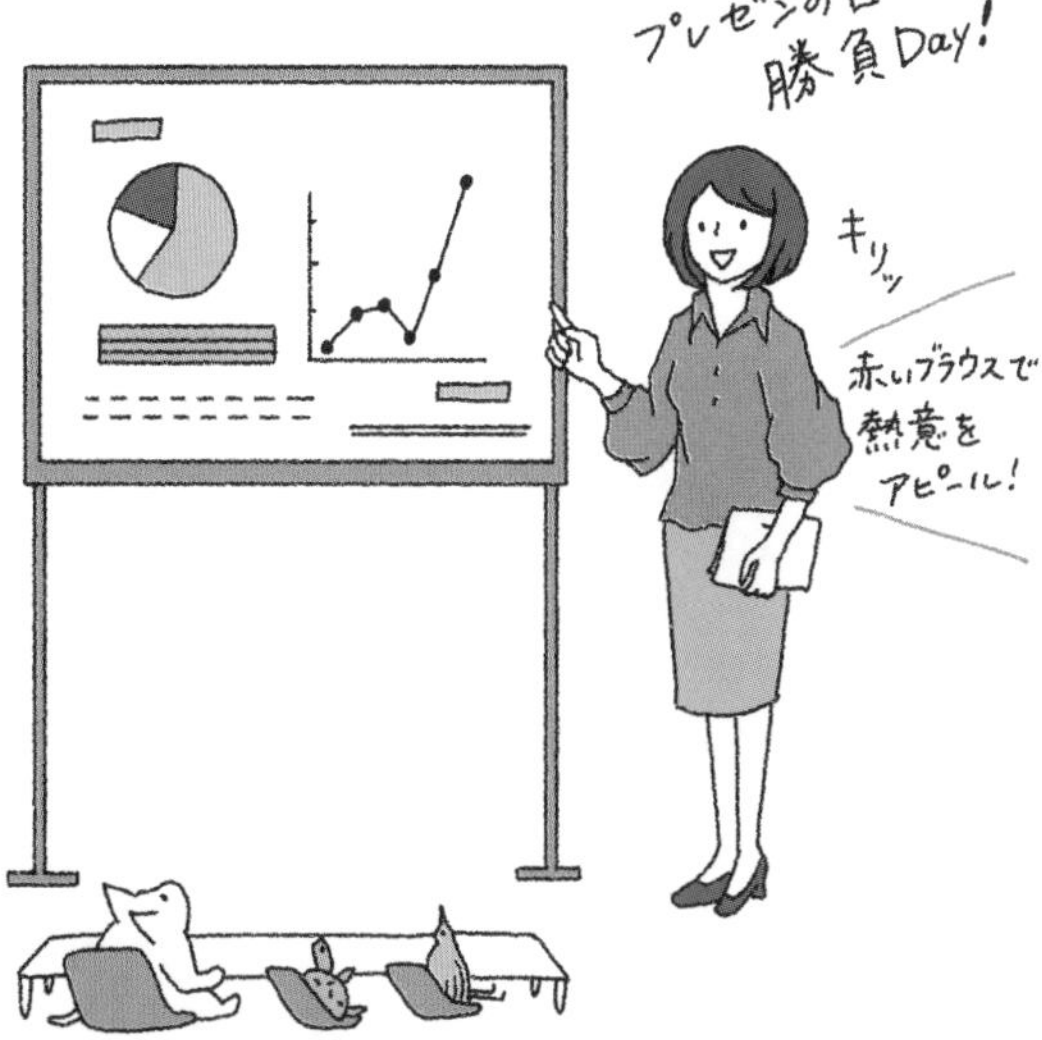
プレゼンの日
勝負Day!
キリッ
赤いブラウスで
熱意を
アピール!

好きな色にプラス 似合う・心動かす色 を

パーソナルカラー診断が少しずつ広まり、今ではかなり定着してきました。似合う色が分かると、服を選びやすくなります。また、自分に似合う色を着るほうが、顔色が明るくきれいに見えたり、褒められることが増えたりします。

また、パーソナルスタイリストといったサービスも増えてきました。似合う服をプロに選んでもらうことが特別なことではなくなってきて、より自分に似合う装いをすることが可能になったのだなと感じます。

似合うものを纏うことは、自分の魅力をより引き立ててくれます。第一印象を左右する装いは、好きなもの以上に似合うもの、自身の立場にふさわしいものにすると、大きな武器にもなります。さらに、色が与える心理的な効果も知っておくと、周りの人とより良好な関係を築くことに役立ちます。マナースクールにいらっしゃる一人ひとりにより幅広い角度からアドバイスができたらと思い、色彩心理学や色彩心理療法を学びました。深く知れば知るほど、人の心理は思いのほか色に影響を受けるのだということを実感し、色の効力をいろいろなことに取り入れたいと思うようになりました。

例えば、飲食店では食欲を増進するオレンジを使ったり、医療機関では清潔感を感じさせる青系や患者さんがリラックスしやすい柔らかなピンクを使ったりと、色彩心理を考慮して空間がつくられていることが多々あります。それと同様に、会う人や行く場によって、あるいは自分自身の気持ちのために、色の力を活用することもできるのです。色のもつイメージと心理効果を知って、ぜひご自身の装いに活かしてみてください。

赤

勝負カラー。熱さ、強さ、情熱。
力が欲しい時、ここぞという勝負の時に力をくれます

オレンジ

人間関係を促す色。親しみやすさ、コミュニケーション力アップ。
初対面で緊張する時に、自分も相手もリラックスさせてくれます

黄色

明るい、楽しい、好奇心旺盛。
場の空気を明るくします

ブルー

冷静に物事を判断できる色。
信頼感、誠実さを高めます。集中力を高めます

緑

安らぎ、落ち着き、平和、調和、リラックス効果。
穏やかな安心感、落ち着きを与えてくれます

ピンク

優しさ、幸福感、癒やし。
人を和ませ、優しい気持ちにしてくれます

第5章

オトナ女子の食事マナーと心得

食べる行為を丁寧に

食べることは生きることそのもの。
大切なことだからこそきちんと向き合いましょう。
誰かと一緒に会話を楽しみながらおいしいものをいただくことは
心と身体を満たします。
そんなひと時をより豊かなものにするために、
美しい食べ方を身につけましょう。
押さえるべきポイントを知っておくことで、
マナーにとらわれすぎることなく、
心から楽しめるようになるはず。

レッスンポイント

- 日々の食事こそ大切に
- まずは箸使いをマスターする
- 和食と洋食の基本を学ぶ
- マナー以上に大切なこともある

食事

心を込めて「いただきます」と言う

食の大切さを毎回、確認する儀式

「いただきます」という言葉は日本ならではだと言います。美しい人は言葉に込められた心を大切にします。感謝の気持ちをもち、おいしく丁寧にいただきます。そのスタートが、手を合わせ、心を込めて「いただきます」と言うことです。「いただきます」には、作ってくださった方々への感謝、命そのものへの感謝が込められています。合掌にも尊敬と感謝が込められています。それは、つい忘れてしまいがちな食の大切さを毎回確認する儀式にもなります。

日々の中で、今あるものへの感謝をきちんと感じることは、美しい人をつくります。神社仏閣で手を合わせる時と同じくらい丁寧に、居住まいを正し、手を合わせ、心を込めて言ってみましょう。たとえ、忙しくて、買ってきたもので簡単に済ます食事であっても（それにも、手に渡るまでに多くの人の手がかかっているのです）、丁寧に味わって、噛み締めていただきたいと思えるようになるから不思議です。心を込めて言うことで、食事の時間が少し豊かな時間になるはずです。

食事

美しくいただく基本は、箸使いと器の扱い

お箸の取り上げ方

① 右手で上から取り上げる

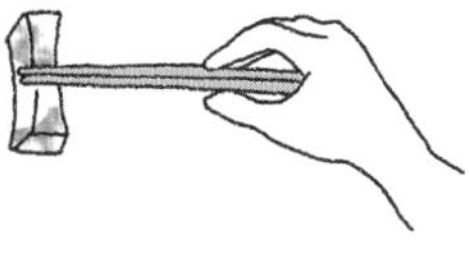

② 左手をお箸の下に添えて支える

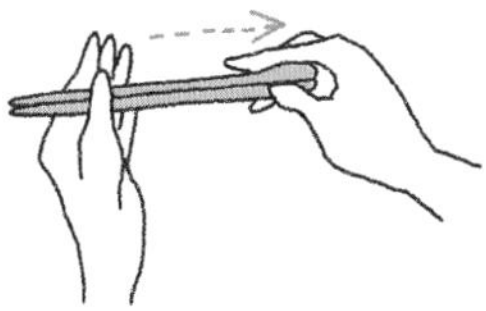

③ 右手をお箸の下に滑らせ、
左手を離す

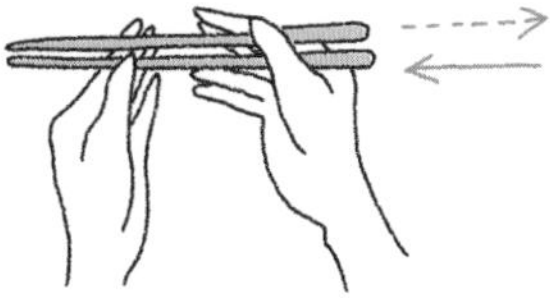

※置く時は逆の手順で

一人ごはんの時こそブラッシュアップタイム

食べ方には品性が出ます。日常生活を想像させるとも言います。あらたまったシーンでも自信をもってふるまえるよう、まずは、お箸の使い方、器の扱い方を美しくしましょう。日々の食事こそ大切に。一人の時こそ、ブラッシュアップタイムです。食べ方がきれいで損をすることなんてないのですから。

箸の上げ下げを美しく、流れるように

箸は三手で取ります。お箸の真ん中を右手で上から取り上げ、左手で下から支え、右手を滑らせて持ち替えます。置く時も、左手で下から支え、右手を滑らせて上から持ち直して、そっと置きます。この一連の動作を丁寧に、流れるようにすると、とてもきれいです。繰り返すことで手馴れます。指先までそろえる意識を忘れずに。

また、実践するためには箸置きが必須です。箸を置く時は、箸置きから端先が2・5センチほど出るように置きましょう。

ひと口のサイズを意識する

箸先五分、長くて一寸という言葉を聞いたことがあるでしょうか。あまり箸先を汚さずに（長くても3センチ）いただくということです。意外と難しいのですが、ひと口が小さめになり、会話をあまり遮らず、美しくいただける適量を、口に運ぶことができます。丁寧で品のあるいただき方になります（＊一寸は3センチ、五分はその半分）。

器の扱い方

器は両手で扱います。手のひらにのる器は、すべて持っていただきます。置いたまいただく器には、左手を添えましょう。昔は一人ずつ、床にお膳を置いて食事をしていました。お膳の高さは低いので、その都度、器を持ち上げていたことから、器を持つようになったと言われます。また、お米への尊敬の念からとも言われています。

手皿・袖越しをしない

口に運ぶ際についい手を添えてしまう手皿はマナー違反です。器もしくは懐紙を使いましょう。また、右に置いてある器は右手で、左の器は左手で取るのが作法です。左側にあるお料理を右手で取るなど、腕が料理の上を横切ってしまうことのないように。

汁物・ご飯・おかずの順でいただく

最初に汁物をいただくことで箸を湿らせ、ご飯粒が箸に付きにくくなり、きれいにいただけます。また、あたたかいものをお腹に入れることで、胃腸の働きを促す効果もあります。ご飯を先にいただくのは、その後のおかずの味をしっかりと味わうためです。背筋を伸ばし、お箸と器を丁寧に扱い、ひと口サイズを意識しながら、きれいに食べることを習慣に。食べ終わった後の器が美しいことも意識しましょう。

器と箸の扱い方

① 器を取り上げ、左手で底を支えて持ち、右手を外してお箸を取り上げる

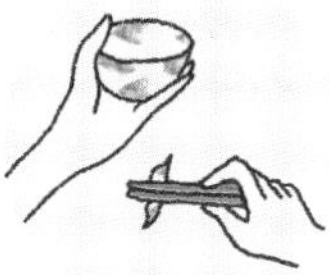

② 器を持っている左手の小指、もしくは薬指で挟み、右手を滑らせて返す

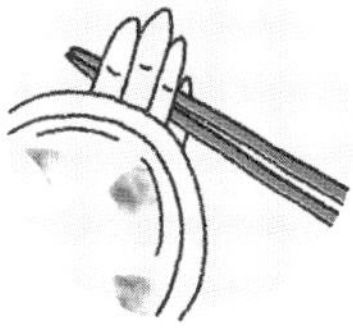

③ 箸を持ち替えていただく。置く時も同様の流れで

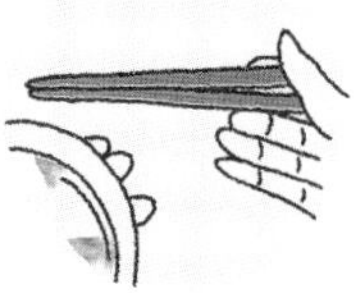

器を持っている時も、箸は両手で！

食事

自然と丁寧にいただきたくなる秘訣

和食の基本的な配膳

きりぼし
しゃけしゃけ
おつけもの
副菜
主菜
ご飯
副々菜
汁物

ときめくもの、幸福感をテーブルに

日々の食事のテーブルに、ときめくもの、幸福感を感じるものを取り入れてセッティングするだけで、より丁寧にいただきたくなると感じます。食事のたびに、素晴らしいテーブルセッティングをしましょうということではありません。できる範囲内で構いませんし、例えばランチョンマットや可愛い箸置きを用意するくらいなら、さほど負担もありません。ぜひテーブルに取り入れてみてください。

ランチョンマットを一枚敷くだけで、いつものお料理が、食卓がほんの少しよそゆきになったり、華やかになったりします。雰囲気が変わると、新鮮な気持ちでいただけます。テーブルを保護できる、食器などを置く音が緩和されるといったメリットもあります。食欲がない時は、あえてオレンジ系などの明るい色を選ぶと、食欲増進をはかることもできます。

また、箸置きを使うことで、箸の使い方への意識も高まります。箸を休める場所がなく、つい渡し箸をしてしまう、といったマナー違反も防げます。箸置きは、とても愛らしいものがたくさんあります。旅行などに出かけた先でも、箸置きや懐紙をよく買い求めるのですが、お気に入りを見つけるのは楽しいものです。そして、それを使いながら、その時のことを思い出すのも、また楽しいのです。単純に好きなものでもいいですし、季節や四季折々の行事に合わせた箸置きを使ってみるのもすてきです。こんな小さなものを一つ加えるだけでも、気持ちが豊かになり、食事への向き合い方が変わります。

もう一つおすすめのアイテムは折敷。折敷《おしき》とは、食器をのせる膳の一種です。昔は木の葉を折って敷いていたことから、折敷という名がついたと言われています。今はデザインも豊富になっています。折敷にのせるだけで、ちょっとした食事にうんとおしゃれ感、よそゆき感、特別感が出ます。ご飯とお味噌汁、お漬物だけの簡単な食事であってもちょっといい感じになって、丁寧にいただきたいと思えるようになるから不思議です。ささやかなひと手間で、食べる楽しみが増します。食べることに、より丁寧に向き合いたくなります。

和食の基本的な配膳は一汁三菜

一汁三菜とは、ご飯・汁物・主菜・副菜・副々菜のこと。それぞれ置く位置が決まっています。一汁三菜は手前の左にご飯、手前の右に汁物、右奥に焼き魚などの主菜、左奥に煮物などの副菜、真ん中に和え物や酢の物などの副々菜という形で置きます。箸は持つ部分を右側にして手前に、お茶は右側に置きます。古来、日本には左側に重要なものを配置するという「左上位」という考え方があります。神様からの賜り物であり、主食であるご飯はとても重要な食材と位置づけられていたことから、「左」に配置するようになったと言われています。

右側にご飯、左側に茶（汁物）という配置は仏壇にお供えする時の向きでもあることから、右側にご飯を置くのは縁起が悪いとする考え方もあります。尾頭付きの魚も、頭が左、腹は手前に来るように盛り付けます。頭がない切り身は、幅の広い方を左に、皮を向こう側にして盛り付けます。和え物や小鉢などバラバラになりやすいおかずは、上を細く、土台を太くして高さを出す「天小地大」にするのがよいとされています。頭の隅に置いておいてくださいね。

食事

どんな時も美しく飲みたい

湯呑みでいただく

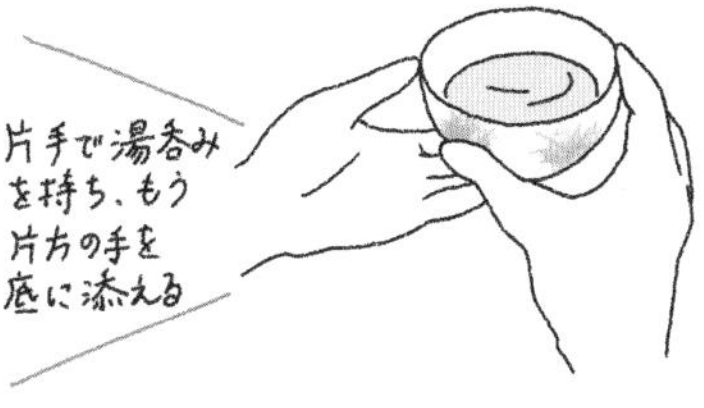
片手で湯呑みを持ち、もう片方の手を底に添える

グラスでいただく

指をそろえて持つ

指を通さずに持つときれい

とりかめ茶♡

ティーカップでいただく

飲む瞬間は意外と見られている

一日の中で、飲み物をいただく機会は何かと多いものです。だからこそ、ポイントを押さえて美しくいただきましょう。取り入れることで印象が全く変わりますので、ぜひ意識してみてください。

あごを意識すると格段にきれい

飲み物を美しくいただくコツは、あごを上げないこと。あごを上げるのではなく、カップやグラスを傾けていただきます。ほんの少しのことですが、とても上品になります。最後の瞬間だけ、少しあごを上げて飲み切ると端正です。

飲み口を美しく

飲み物をいただく前に、リップやグロスを軽くティッシュオフしておきましょう。一瞬でできる気遣いです。グラス等に口紅が付くのはやはり気になります。リップコートなどを使うのも◎。色もちがよくなり、飲み物をいただいてもきれいです。

器のタイプによって注意すべきことは違う

ここでは、代表的な3つについてまとめました。どんな器でも飲み物でも、脇を締め、指をそろえて持つことは基本です。

＊グラス・コップ

グラスの真ん中より少し下の位置を、指をそろえ、指先をほんの少し斜め下に向けて持ちましょう。真っすぐ横に持つよりも、指先が手首より下になるように持つとよりエレガントです。

＊ティーカップ・コーヒーカップ

カップは、持ち手に指を通さず、指をそろえてつまむように持つときれいです。難しい時は無理しないように。ただし両手で持つことは避けましょう。飲み物がぬるいというメッセージになります。砂糖を入れる時は、ポトンと落とすのではなく、スプーンにのせてそっとスプーンごとカップに沈めます。跳ねる心配がなくなります。そして、音をたてないよう、スプーンをカップに当てずにゆっくりとかき混ぜます。

スマートなだけでなく、器を大切にできます。スプーンはカップの奥に置きましょう。テーブルでいただく時は、ソーサーは置いたまま、ソファで紅茶をいただくなど、テーブルから距離がある場合は、ソーサーごと持ちましょう。

お店の方がこだわりをもって丁寧に淹れてくださったものであれば、砂糖やミルクを入れていただく前に、できれば最初のひと口だけはそのままで味わうのも、淹れてくださった方への配慮です。

＊ふた付きの湯呑み茶碗

左手を湯呑み茶碗に添え、右手でふたを手前から開け、茶碗の縁で右に少し回し、ふたのしずくを静かに落とします。ふたを裏返して左手を添え、茶碗の右側に裏側を上にして置きます。ふたが安定せずに回ってしまう場合は、茶托の縁にかけておくと安心です。左手を茶托に添え、茶碗を右手で取り、左手を底に添えて両手でいただきます。指先までそろえて美しく持ち、上品にいただきましょう。飲み終えたらふたを右手で取り、左手で受け、右手でつまみを持ってふたをします。「頂戴します」「ごちそうさまでした」などの言葉を忘れずに。器を両手で丁寧に持つのは、日本の美しい心です。

食事

テーブルマナーはこだわるものではなく心得ておくもの

POINT

- お互いの顔を見て
- 相手にだけ届く声で話す
- 会話しやすい量を口に運ぶ
- 話しかけるタイミングも工夫する
- 食べ終わった後もきれいに

大切にすればするほど幸せを呼び寄せる

食事のひと時をより心地よく豊かにするために、時間をかけて形づくられたものがテーブルマナーです。堅苦しい、面倒だと感じるかもしれませんが、絶対に守らないといけないのではなく、それを大切にしようという気持ちが、ともに食事をする相手を大切にすることに直結するものなのです。

マナーが大切なのではなく、相手を想うからマナーを大切にするのです。マナーに自信がないと、これでいいのかなと自分のことで精一杯になってしまいがち。マナーを備えているからこそ、周りの人を気遣う余裕ができ、目の前の人をもっと大切にすることができます。マナーには、サービスをしてくれるスタッフへの合図になっているものもあります。それにより、会話を途切れさせることなく、スムーズな食事ができます。さらに音をたてずにいただくのは、相手の話に心から耳を傾けられるからです。すべて、目の前の人との時間を大切にしたいと示す心遣いなのです。

話題提供こそ知性

食事の楽しみは料理だけではなく、一緒に過ごす人との会話でもあります（もちろん場合よっては会話を控えるような場もあります）。会話次第で、場の空気も、お料理の味も変わります。場が明るくあたたかになるような話題、誰もが楽しめる話題を心掛けましょう。無言はマナー違反ですし、どんな話題を提供できるかは知性です。内輪話や、会話に入れない人がいるような話題は極力避け、会話に入れない人がいたら、話題を変えたり、話しかけたり、皆が楽しめているか配慮しましょう。

議論をする場ではないから、宗教や政治などの話題は避けます。悪口や噂話もしません。美しい顔、いい表情でいられる話題を選びましょう。相手がお料理を口に入れている時は話しかけないようにするなど、声をかけるタイミングも気をつけたいですね。会話に夢中になりすぎず、食べるペースを周りの人と合わせることも大切です。

心地よくいただくために、音をたてない

あらゆる場面において、できるだけ音をたてないようにしましょう。それは食事の

雰囲気を壊してしまうからです。カトラリーがカチャカチャ鳴る音、スープなどの熱いものをいただく時のすする音、咀嚼《そしゃく》する音などは、決して心地よいものではありません。ゆっくりと丁寧な動作を心掛けるだけで、音は自然と小さくなり、エレガントなふるまいになります。会話のボリュームにも気をつけて。

マナーはこだわるものではなく、心得ておくもの

マナーを備えておくことは大切です。かといって、こだわるものではありません。間違った人がいても、指摘しません。指摘するほうがマナー違反です。気に留めない、さりげなくカバーする、恥ずかしい思いをさせないよう気遣う、それこそが本当のマナーであり、思いやりです。間違わないことが大切なのではなく、誰もが気持ちよく食事できることこそ大切です。こだわる必要はありませんが、心得ておくからこそ、そういった配慮も、柔軟な対応もできるのです。

一緒に食事をすることは、人と人との距離を近づけます。そんな貴重な機会をどれだけ大切にしているかは、一緒に食事をする人に伝わります。そんな人は、大切にされます。ご縁やチャンスをつかんでいきます。

食事

どんな場でも堂々とふるまい、食事を楽しむコツ

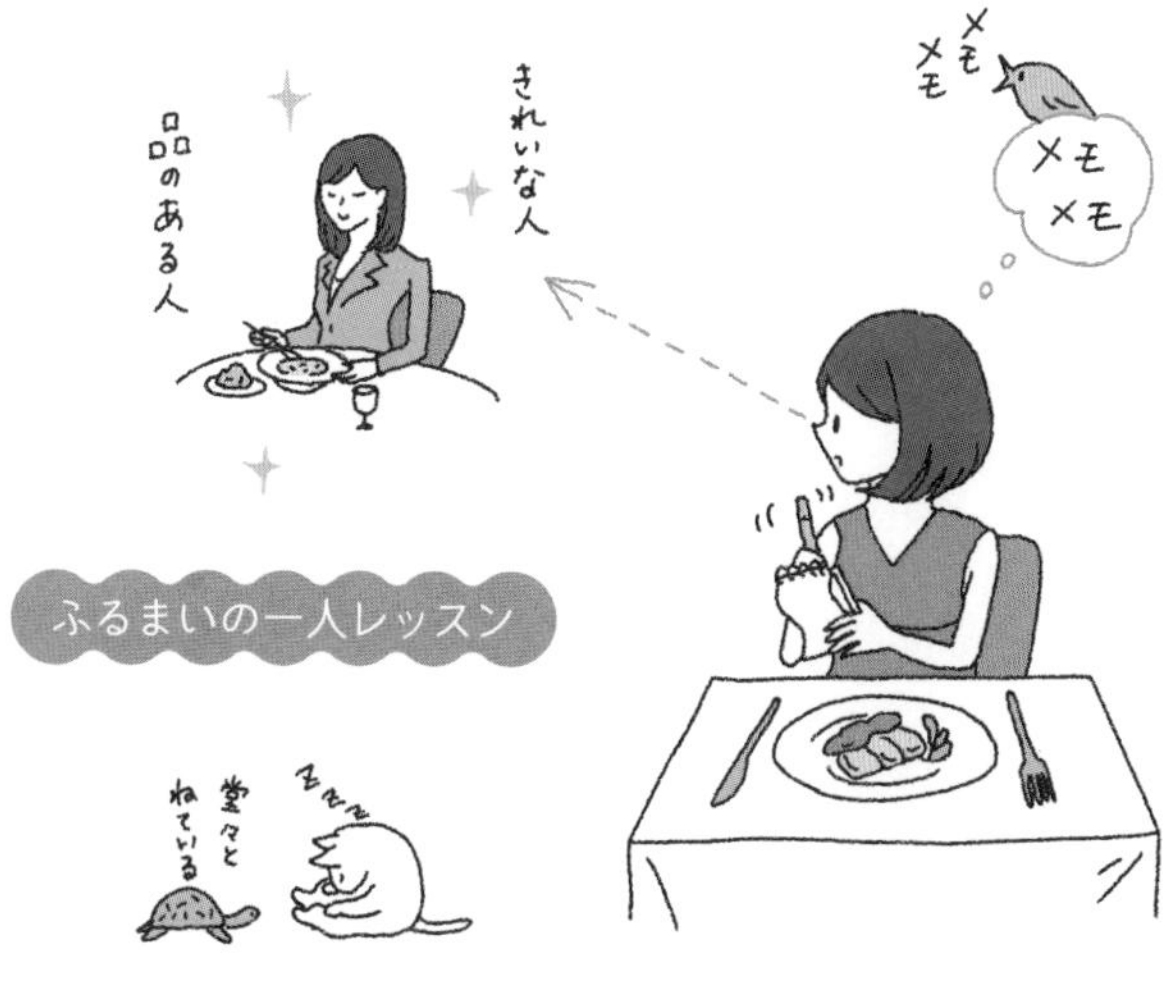

誰だって初めは緊張する

すてきなホテルや格式の高いレストラン、料亭など、年齢を重ねるにつれ、行くお店も幅が広がっていくでしょう。ここではどんな場に行っても臆さず、堂々とふるまえるようになるために、心掛けたい3つのポイントをご紹介します。これは食事の場はもちろん、それ以外でも、とても大切なことです。

①ドレスコードに沿った、自信がもてる装いで行くこと

なんだかイマイチな格好で、あまり人に会いたくない、そんな時に限って知り合いにばったり――そんな時はどうしたって、堂々となんてできません。自信がもてる装いだと、自然と堂々としたふるまいになります。とても尊敬していた先生が、女性はおしゃれをするだけで行動範囲がおのずと広がるとおっしゃっていましたが、装いはそれくらい気持ちに影響します。装い一つで格段に自信がつきます。場にそぐわない装いは、それだけで居心地が悪く、いたたまれないものです。周りとの調和もとても

大切です。だからこそ、ドレスコードに沿った、自分をいつも以上にすてきに見せてくれる装いで行くことです。もし迷ったら、よりきちんとしたほうを選びます。ご一緒する方やお店に事前に尋ねてもよいですね。

②徹底して美しい姿勢を保つこと

背筋を伸ばして顔を上げ、美しい姿勢をキープしましょう。堂々と見えます。そんなの答えになっていないと思われるかもしれませんが、とても大切なのです。見た目の印象で、見られ方は変わります。堂々とした姿勢をとっていると、堂々とした人と見られ、そう扱われます。自信があるから堂々とするのではなく、堂々としていると自然と自信もついてきます。

③知らないことは、教えてくださいの姿勢でいること

自己紹介のレッスンで、「ものすごく緊張するなら、緊張しています！と言って始めると、緊張が少しほぐれますし、あたたかく見守ってもらえます」とお伝えしています。緊張を隠そうとすると（全く隠れていませんが）余計に緊張します。それと同

じで、「こんなすてきなところでお食事をいただくのは、初めてです」「とても楽しみに伺いましたが、少し緊張しています」「不慣れですので、何かあれば教えてください」と正直に言ってしまうことです。お店の人が喜んでサポートしてくださいます。素直に教えを請うことは素晴らしいこと、決して恥ずかしいことではありません。知らないことは知らないと言えること、少し勇気はいりますが、とても大切です。

生徒さんにも、分からないことはどんどん聞いてくださいねとお伝えしています。それがきっかけで、会話が弾むこともたくさんあります。謙虚で素直な姿勢でいましょう。お願いせずともカバーしてくれますし、料理の説明とともに、このようにいただいてください、と丁寧に説明をしてくれるお店もあります。

そして、なにより大切なのは体験・経験を重ねること。読むより聞くより実体験です。経験を重ねることを超えるものはありません。実際に体験して場慣れすることを重ねていきましょう。美しい空間で、一人でお茶をいただきながら、いろいろな方のふるまいを見てみるのも勉強です。ホテルスタッフの美しい立ち居ふるまい、とても勉強になりますよ。

食事

外食の作法①
たおやかな和食の楽しみ方

器を傷つけないよう
→ 指輪やブレスレットは外す
すべて控えめに
奥ゆかしく
正座には
フレアスカート
がおすすめ！
繊細なお料理をじゃましないよう
→ 香水はつけない もしくは控えめに

和食の席で大切にしたいこと

ホテルや旅館、料亭などで出されることの多い会席料理のいただき方や、お店でのふるまいについてご紹介します。和の席でのふるまいは「控えめに、奥ゆかしく」を心掛けましょう。また、季節の食材を活かした繊細な料理をじゃましないことが何より大切です。

装いにも気を配りましょう。お座敷の場合もありますので、フレアスカートなどがおすすめです。必ずストッキングや靴下を。また、香りが料理のじゃまをすることがないよう、香水はつけないか、控えめにします。柔軟剤や洗剤などの香りにも気をつけましょう。繊細で柔らかな器もありますので、傷つけたりすることのないよう、指輪やブレスレットなどの大きなアクセサリーは、外すのが気遣いです。

コート類は入店前に脱ぎます。玄関では、中央を避け、正面を向いたまま靴を脱ぎ、斜めに向き直って、靴をそろえます。下足係がいる時は、「お願いします」と言ってお任せしましょう。手荷物やコートは預けます。
和室では、畳の縁や敷居を踏まないようにし、すり足で静かに、小幅で歩きます。ほんの少し目線を下げて歩くときれいです。床の間に近い上座の方には背を向けないよう心配りをしましょう。ちなみに、出入口から離れた床の間に近い場所が上座、出入口に近いほうが下座となります。状況に応じて相応しい席に座りましょう。バッグ類は座布団の前、もしくは左前へ置き、座布団やテーブルの上には置きません。

会席料理の基本

ここでは、基本的な流れといただき方をご紹介します。お料理は一品ずつ運ばれてきますので、出てきた順にいただきましょう。

先付：季節の味覚や珍味を少しずつ盛り合わせたもの。目で見て、楽しんで、盛り付けをなるべく崩さないように手前からいただきます。
吸い物・椀：季節の魚介や野菜が使われた、すまし仕立ての汁物。本格的なお料理の前に、お箸と口の中をきれいにするものです。漆器や塗りの椀が多いので、丁寧に扱いましょう。汁と具は別々にいただきます。あさりやはまぐりは、左手で貝を押さえていただいても構いません。殻はふたに出したりせず、沈めたままにします。

向付（お造り）：淡泊な白身や貝類から濃厚な赤身へといただきます。わさびは醤油に溶かず、適量取って刺身にのせ、刺身を醤油につけ、醤油皿や懐紙で受けながらいただきます。

煮物（炊き合わせ）：旬の野菜や魚介などの煮物。お出汁とともにしっかりと味わいます。まず器を楽しみ、次にふたを開け、中の景色を楽しみます。両手で持ってお出汁の香りを楽しんでから、お出汁を味わいます。それから中身をいただきましょう。お汁がたっぷり入っている場合は、ふたの裏や懐紙で受けていただきます。煮物のつゆは、箸を置いて、両手で椀を持って飲んでも構いません。

焼き物（魚介類）：切り身や尾頭付きの魚、海老などを焼いたもの。あしらいは外し、箸で左端からひと口大に取っていただきます。尾頭付きは、上身を頭から尾のほうへといただき、裏返さずに、中骨を外して下身をいただきます。食べ終わった後は器の隅にくずをまとめ、懐紙で隠します。

揚げ物：天ぷらの盛り合わせが一般的。淡泊なものが手前、味の濃いものが後ろに盛り付けられていますので、盛り付けを崩さないように、手前からいただきます。

蒸し物：茶碗蒸し、かぶら蒸しなど。ふたを取り、添えられた匙ですくっていただきます。

酢の物・和え物：口の中をさっぱりさせるためのお口直し。小鉢を持っていただきます。

ご飯、止め椀、香の物：会席料理はお酒を楽しむための料理ですので、ご飯と味噌汁、香の物は最後に出されます。これが出されたらお酒をやめ、あたたかいうちにいただきます。

果物、デザート、お茶：水菓子（果物やシャーベット）は、添えられている楊枝やスプーンでいただきます。生菓子は楊枝で小さく切っていただきましょう。

ふた付きの椀の扱い

左手を器に添え、右手でふたの糸底をつまみ、手前からそっと「の」の字を書くように回して開け、器の上でふたを縦にして内側の水滴を落とします。ふたを両手で持って（あるいは一旦左手に持ちかえ右手で）、器の右側に内側を上向きにして置きます。食べ終わったらふたを元に戻します。塗り物を傷つけないよう、ふたを裏返しにしないようにしましょう。

割り箸を上品に

割り箸は、膝の上で横にし、上下に開くように割ります。割ったらそのまま食べ始めるのではなく、一旦箸置きの上に戻し、あらためて箸を取り上げていただきます。このワンクッションが上品さにつながります。

懐紙のたしなみ

懐紙を持参しましょう。口元の汚れを拭う、魚の頭を押さえる、受け皿代わりにする、種を除く時などに口元を隠すなど、さまざまな場面で役立ちます。お食事の時以外にも、包んだり、メモ代わりにもなります。ぜひ懐紙や懐紙入れも、すてきなお気に入りを探し、普段から携帯するようにしてみてはいかがでしょう。

食事

外食の作法②
スマートな洋食の楽しみ方

ナプキンで口元を拭う
背筋を伸ばして美しく
スッ
スッ
NG
うつむいてコソコソ

POINT

・常に手はテーブルの上に出しておく
・美しい姿勢をキープする

レディーファーストを笑顔で受ける女性に

ここでは洋食のマナー、フレンチをいただく時の外せないポイントをまとめました。品よく堂々とふるまえるよう、レディーファーストを笑顔で受けられるようになるために、ぜひ覚えておいてください。

食事の当日はドレスコードに沿った装いで出かけましょう。ハンドバッグ以外の荷物はクロークに預けます。ホテルやレストランでは、レディーファーストが基本。席への案内は、スタッフ・女性・男性の順に。スタッフの案内がない場合は、男性が先に立ってエスコートをします。エスコートされたら、遠慮をせずに堂々と笑顔で優雅に受けましょう。席次は入り口から遠い奥の席、眺めのよい席が上席です。

着席をスマートに

着席は、基本は左側からですが、あまりこだわらず状況に合わせて臨機応変に。椅子を引いてくださったら、テーブルぎりぎりに立ち、椅子が脚の後ろに触れたら、そっと腰を下ろします。テーブルとの間が、にぎりこぶし一つ半ほどのちょうどいい位置に座れます。手はテーブルの縁に軽く置き、ハンドバッグは、背もたれとの間に置くか、専用の荷物台などへ。テーブルに置いたり、椅子にかけたりしないように。

エレガントな乾杯のマナー

フォーマルなレストランでは、とても薄く繊細なグラスが使われています。割れやすいものですし、音をたてないこともマナーですので、グラスは合わせません。目の高さに持ち上げ、微笑みながら目と目を合わせましょう。

ワイングラスはステム（脚）を、指をそろえてそっと持ちます。持ち方には諸説あります。不安定だと感じるなら、ボディを持ってもＯＫです。いただく時は、横を向き、目線を下げて飲むととてもエレガントできれいです。ワインを注がれる時は、決してグラスを持ち上げたり、手を添えたりしないように。また、自分で注がない、注ぎ合わないことも覚えておきましょう。サーブしてくださる方のためにも、右手で持って飲み、右側の元の位置に戻すことも基本です。

上品で洗練されたナプキン使い

ナプキンは主賓や目上の方が取り上げたら、続いて取ります。宴席でしたら乾杯の後に。普段でしたら、オーダーをしたら取りましょう。いただく準備ができましたという合図になります。二つ折りにし、折り目が手前にくるように膝に置きます。

ナプキンは、指先や口元が汚れた時に拭くためのもの。それ以外には使いません。ご自身のハンカチを使うことは、用意されたナプキンは汚くて使えませんという意味になり失礼です。汚れは、内側で拭くと見た目がきれいなままでいられます。また、グラスに口をつける時は、先にナプキンで口元を軽く押さえる習慣を。口紅や料理の油が付かず、美しい飲み口を保てます。なにより、ナプキンは背筋を伸ばした、美しい姿勢のまま使いましょう。

中座する時は軽くたたみ、椅子の上に置いておきます。戻ってきますという合図になります。退席する時は軽くたたんでテーブルに。「おいしかったです」という意味を込めて、きちんとたたまないようにします。とはいえ、あまりに崩すよりも角を少しずらすくらいにするほうがエレガントです。たたむのも主賓の後にしましょう。

カトラリーの正解とNG

外側から順に使います。話をしながらカトラリーを振る人がいますが、決して振り回さないように。ナイフで刺していただいたり、付いたソースをなめたりもしません。片手にグラスを持ったままいただくのはマナー違反です。飲むことと食べることは分けましょう。間違って使ってしまっても、スタッフがさりげなく補充してくれますので、気にせずに。落としてしまった場合は、慌てず「失礼しました」と同席者に一言詫び、スタッフを呼んで、新しいものを持ってきていただきましょう。

カトラリーの置き方は、スタッフへの合図です。八の字に置くと、いただいている途中ですというサイン。食べ終えたら右斜めにそろえて置きます。下げてくださいというサインになります。ナイフの刃を決して人のほうに向けないように気をつけて。

カトラリーの使い方以上に大事なこと

カトラリーの使い方や置き方、スープのいただき方などには、フランス式、イギリス式、アメリカ式など少しずつ違いがあります。例えばスープのすくい方は、手前から奥がイギリス式、奥から手前がフランス式です。他にも細かな違いがたくさんあるため悩む人もいます。ですが、よほどあらたまった席でなければ、あまり細かな形にこだわらなくてもよいのです。カトラリーの置き方は、合図が伝われば問題ありません。スープをどちらからすくっても、音をたてずにいただいたら、誰にも迷惑はかけません。音をたてない、刃を相手に向けない、口の中に食べ物を入れて話さないなど、人を不快にさせることをしなければよいかと思います。それよりも周囲を気遣いながら、一緒に過ごす方々と心から食事を楽しんでください。あなたと一緒に食事をするとよりお料理がおいしくなる、それこそが魅力的なテーブルマナーなのです。

POINT

- 何事も主賓の方から先に。周りの方々といただくスピードを合わせましょう
- 大きな声を出しません。スタッフを呼ぶ時も、目配せをするか、軽く手を上げます
- お皿を手に持ったり、位置を動かしたりしないこと。手で持ってよいのはスープのブイヨンカップやコーヒーカップくらいです

食事

どんなお店でも よいサービスを受ける とっておきのコツ

なぜかサービスしたくなる人がいる

どんなお店でも、なぜか大切に扱われる人がやっているたった一つのこと、それは、お店やお店の人への敬意をもつことです。お店であっても、人に対する態度と大切なことは同じです。誰に対しても敬意をもって、丁寧にふるまいましょう。

すてきなお店は、その雰囲気や空間もサービスの一つです。どんな空間をつくるかにも力を注いでいます。そしてそこを訪れるお客は、その空間をつくる一つの要素でもあります。お店が大切にしている雰囲気を壊さないようにしましょう。

お店の人に対しても、「お客だから当たり前」ではなく、言葉や目で感謝の気持ちを表します。サービスしてくださる人の存在を無視したような人やとても尊大な態度をとる人が時折おられますが、一流の素晴らしい人ほど腰が低く、誰に対しても丁寧に対されます。サーブしやすいようにほんのかすかに身体を傾けたりするだけでも、心は伝わるものです。何かをお願いする時も、様子を見計らってお願いする気遣いはしたいですね。お会計も取りまとめてお支払いするようにします。それは、一人ひとりが精算すると、それだけ時間がかかってしまい、スタッフの手をとらせてしまうからです。間接的に他のお客さまに迷惑をかけることにもなります。

　また、おいしいと感じたことや心地よい、うれしいと感じたことは、具体的に言葉にして伝えましょう。仕事のじゃまにならない程度に、「とてもおいしかったです」だけではなく、どのようにおいしかったか、何がよかったかなどを具体的に伝えます。そうするとたいてい満面の笑みが返ってきて、その後の接客がさらに笑顔になります。自分たちが提供するサービスを喜んでもらえたら、もし私なら働く喜びになると思います。以前泊まったホテルで、ホテルのシンボルマークの花がメッセージカード、タオルやバスローブ、ルームキーとあちこちに配されていて、ダイニングへ食事に行くと、クロスにも食器にもあしらわれていました。それがとても愛らしくて、「すてきですね」とお伝えしたところ、それにまつわるいろいろなお話をしていただけました。ついつい話が弾んで、先代、先々代の食器までわざわざ出してきてくださって、スペシャルな思い出になりました。

サービスはお互いに対等であることがスタート

マイナス意見も、伝え方は工夫しますが、正直に伝えます。敬意をもったうえで丁寧に伝えると、逆に感謝されます。敬意をもって接していると、最初は少々不愛想だなと感じた人がどんどん笑顔になり、サービスが変わっていった経験もあり、より心地よいサービスを自分次第で引き出すこともできるのだと確信しています。

今の時代、サービスは、人と人がお互いに敬意をもち、対等に関わり合ってこそ本当に心地よいものになります。「ごちそうさまでした」も「ありがとうございました」も、お店では言いませんという人もいますが、サービスを提供してくださるからこそ、おいしいものをいただくことができるのです。お店も、お客がいるからサービスができます。互いに感謝をするのは自然なことですし、伝えないといけないということではなくて、伝えたほうが心地いいと思っています。年齢を重ねることにより謙虚に、感謝の気持ちを深めていくことが、生き方の品になっていきます。

食事

およばれのポイント、手土産の作法

スプーンは
使わない時は
向こう側に置くと
スマート
こちらから
いただく
正面
右側
みやげ
みやげ

ちょっとした心遣いで愛されるおよばれマナー

お宅に招かれた場合は、お店で食事をするのとは違う心配りを大切にしたいですね。まず、約束の時間より早い訪問は迷惑と心得ましょう。ビジネスマナーでは遅れることはあってはいけませんが、お宅に伺う場合は、迎える側は準備で忙しいことを頭に置き、ジャストかほんの数分遅れるくらいに。友人なら、「あと○分で到着します」などと事前にメールをするのも、心づもりができて親切かと思います。

インターホンに映る前、呼び鈴を押す前に、コートや帽子を取ります（欧米では先方に案内されてから脱ぐのがマナー）。雨の日は、濡れた傘は玄関の外に置くなど、できるだけほこりや濡れたものを持ち込まない配慮をしましょう。玄関に入ったらまず簡単なごあいさつをし、**正式なあいさつはお部屋**で。手土産を渡すのもお部屋でのあいさつの後、椅子や座布団に着く前と覚えておきましょう。玄関では正面を向いたまま靴を脱ぎ、上がってから向きを変え、靴をそろえて端に置きましょう。

手土産で覚えておきたいこと

相手の好み、ご家族の人数など先方の状況を考えます。個包装で日持ちのするものや、手を煩わせないものを。「心ばかりのものですが」「とてもおいしいと聞きましたので」といった言葉を添えて。冷蔵庫に入れる必要があるものやお花などは、玄関先で事情を伝えて渡してもOKです。必ず紙袋や風呂敷から出してお渡ししましょう。紙袋や風呂敷はほこり除けです。お宅以外でお会いした場合などは、そのままお渡しすることも。その時は「紙袋のまま失礼いたします」と一言添え、紙袋の底と持ち手の付け根に手を添えて渡しましょう。

誤解されやすい、おもたせ

最近は、持参する手土産のことを、「おもたせ」と言う人がいたり、おもたせにおすすめと売られていたりしますが、これは間違った使い方。おもたせとは、お客さまを敬い、いただいた手土産を指す敬語で、いただいた側が「おもたせで失礼ですが」と出す時に使うものです。お客様に出して喜びを分かち合うのも心遣いの一つです。

お茶やお菓子を出されたら

お菓子が正面に、その右側に飲み物が出されます。遠慮せずに、熱いものは熱いうちに、冷たいものは冷たいうちにいただきましょう。和菓子には黒文字などが添えられていますので、ひと口サイズに切っていただきます。最中や大福などは手で持っていただいても構いません。ケーキは三角形のケーキは細いところから、丸や四角のケーキは断面が自分のほうにくるように左手前からいただきましょう。

おいとまのタイミングを気遣うのはお伺いした側

おいとまの言葉は、お伺いしたほうから切り出します。伺った段階で、「今日は〇〇時くらいには失礼させていただきます」など、前もって言っておくとよいですね。訪問した時と同様に、玄関に向かう前に客室でごあいさつをします。玄関先ではお借りしたスリッパの向きを変え、そろえて玄関の隅に置きます。隅に置いた靴は、中央に置き直してから履きます。玄関を出てからコート類を身に着け、門外で一礼して立ち去ると、より丁寧な印象になります。帰宅後は、必ずお礼の気持ちを伝えましょう。

第6章

オトナ女子の気遣い
マナーと心得

角《かど》のない行いに幸せが舞い込む

美しいふるまいとは、
見えないところで人を思いやり、気遣えること。
どんな時も周りを見渡せる心の余裕が
細やかな気遣いにつながります。
ささやかな気遣いが、
周りの雰囲気やその場にいる人たちを明るく照らします。
また、人と人との関係がより居心地よく
あたたかなものになります。
そんな気遣いができるオトナ女子を目指しましょう。

レッスンポイント

- 合わせることが基本
- 「誰か」のことを思う想像力
- ほんの一言あるだけで印象アップ
- いい状態の自分でいる「心の余裕」

気遣い

合わせる気遣いで心を伝える

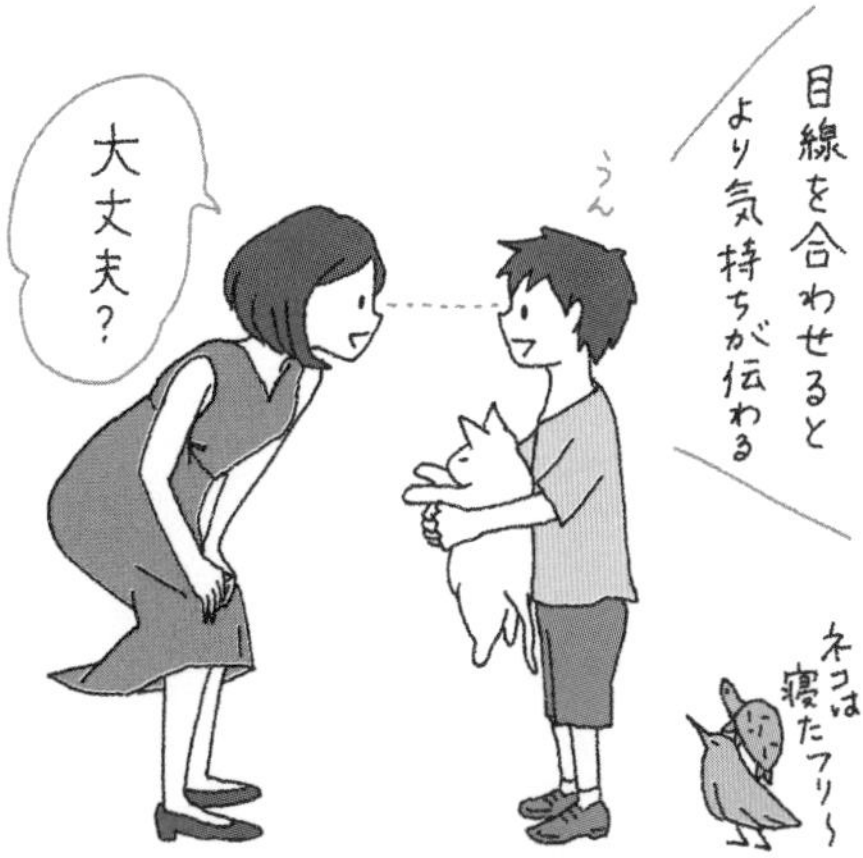

大丈夫?
うん
目線を合わせると
より気持ちが伝わる
ネコは寝たフリ~

心を合わせることが何より大事

高さを合わせる

私は身長157センチ、ごく標準です。特別高くも低くもありません。それでも、とても背の高い人とお話しする時は、ほんの少しですが、見下ろされているような圧迫感を感じます。特に、コミュニケーションに苦手意識がなくても、です。だからこそ、人に話しかける時はできるだけ目線の高さを合わせます。立ったままでも、少し相手のほうへ身体を傾けたり、座っている人や小さな子どもに話しかける時はかがんだりして、目線の高さを合わせて、見下ろさないアイコンタクトを心掛けます。目と目を合わせるほどに、相手に寄り添う気持ちが伝わりやすくなるはずです。

速さを合わせる

動くのも話すのも「ほんの少しゆっくり」がエレガントで上品ですが、相手がいる場合は、相手に合わせる意識も大切です。相手が急ぐ様子だったり、早口でせっかちな人なら、ゆったりとしたテンポで対応しては、イラつかせてしまうでしょう。自分がテキパキしていて、相手がゆっくりおっとりした人なら、焦らせてしまわないような気遣いも必要です。目線の高さを合わせるのと同じく、話すスピードも、動くスピードも、少し相手に合わせましょう。誰かと一緒に歩く時は歩くスピードを、会食の時は周りの人たちと、いただくスピードを合わせます。なんでも相手都合で動きましょうということではありません。互いが心地いいように、ストレスのないように、ほんの少し相手に寄り添う、そんな気持ちを大切にしましょう。

温度を合わせる

もう一つ意識していたいのが、心の温度です。無理やり合わせるものではありませんが、相手の話に心から寄り添い、温度を感じ取り、温度を近づける意識はもっていたいですね。同じような温度の気持ちを返されたらうれしいものです。そのためにも、心から耳を傾けましょう。きっと心が近づくはずです。

しぐさで相手に寄り添う方法

目線の高さを合わせたり、スピードを合わせることで、相手に寄り添うことができるように、心を伝える方法は言葉だけではありません。かける言葉がない時には、そっと肩に手を置くだけでも気持ちは伝わります。しぐさでも伝えられることがあります。言葉にしぐさをプラスすることで、もっと気持ちを伝えられます。レッスンでは、美しいしぐさだけでなく、コミュニケーションに活用できるさまざまなしぐさもお伝えしています。心理学、脳科学、運動科学をベースにした、視覚に訴える表現方法です。

手のひらを相手に見せて話すと、心を開いてくれているという印象になり、相手はより話しやすくなります。胸に手を当てて話すと、心からの言葉を伝えてくれていると感じられます。胸に手を当てて話を聞くことも、心で受け止め、真剣に聞いてくれる人という印象になります。とても優しく見えますので、より話しやすくなります。これらはほんの一例ですが、ちょっとしたしぐさでも、相手とのコミュニケーションがより弾むよう、気遣いができます。

気遣い

どんなシーンでも後を美しく

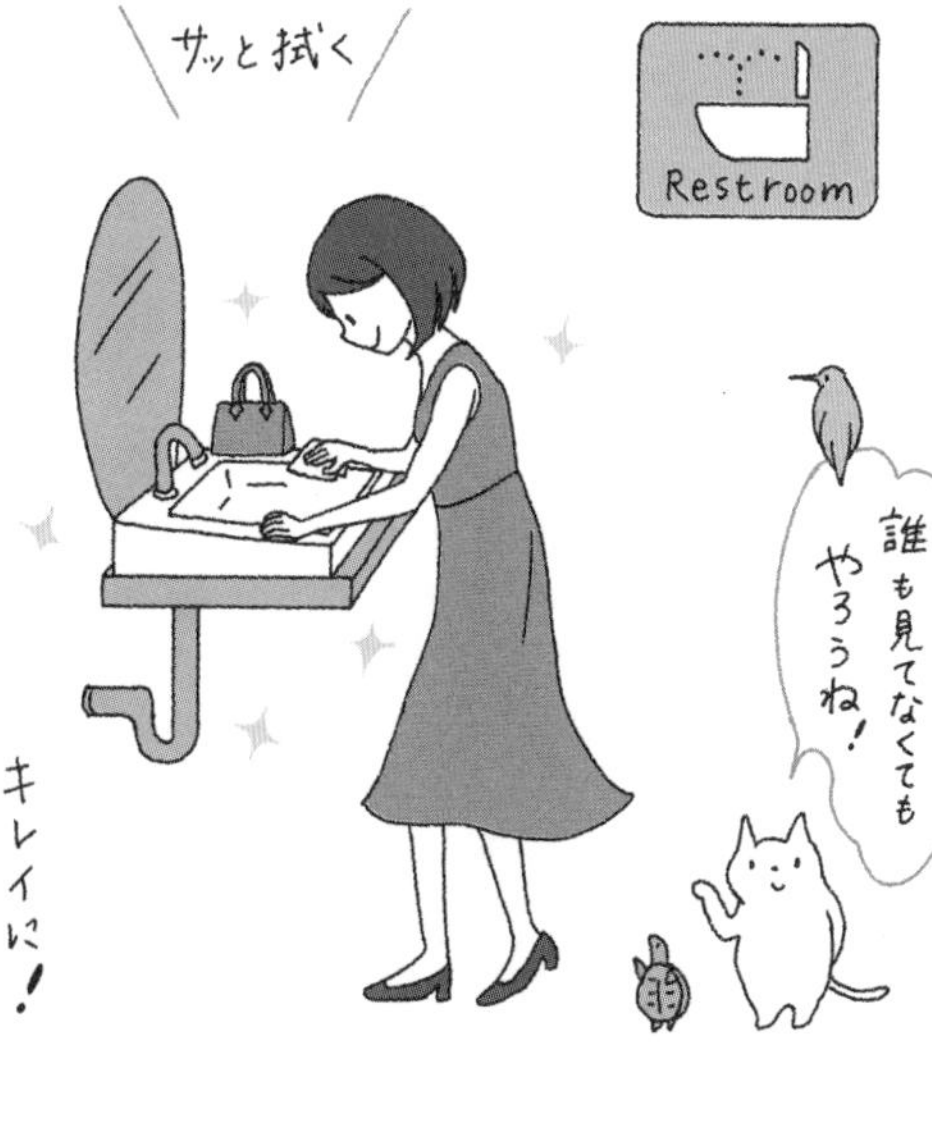
サッと拭く
Restroom
誰も見てなくてもやろうね！
キレイに！

立ち去った後の美しさに品性が出る

後ろ姿には年齢が出ますが、立ち去った後の景色には品性が出ます。化粧室や試着室は、「**自分が使う前より美しく**」という意識を。片付ける義務はありませんが、自分の後に使う誰かのことを思いましょう。せめて、使う前の状態には整えましょう。ほんのちょっとしたことですが、そういう気遣いを大切にする人は美しいです。

シーン別　気をつけたいポイント

化粧室

特にきれいに使いたい場所です。トイレットペーパーは雑なちぎり方をしたり、床に切れ端を落としたりしないように。なくなったら入れ替えます。手を洗う時も、水跳ねや髪の毛などがないか、最後に全体を見て、備え付けのペーパーでサッと拭き取るなどしておきましょう。混んでいたら鏡の前を独占しないように。黙って場所を空けずに、「お先でした」「どうぞ」といった一言を添えます。

試着室

脱いだ靴はそろえます。脱いだ服も、試着するものも、床に散らかさないようにしましょう。フェースカバーは使い終えたら軽くたたんで置くか、ダストボックスへ。お店の方にお礼の言葉を添えてお渡ししてもよいですね。フェースカバーを使わずに、服にメイクを付けたうえに、黙って帰ってしまう人もいるそうです。試着物は、購入するまでは自分のものではありません。汚すのは論外です。丁寧に扱いましょう。購入しない場合は、裏返しのまま渡したりせず、さっと整えてお礼の言葉とともに返します。実際、試着時のものの扱い方は本当に個人差が大きいそうで、「人となりが出ます」と店員の方が言われていました。丁寧に扱うお客さまには、自然と笑顔の接客になるそうです。

乗り物、映画館、劇場など

リクライニング等は、すべてを元の位置に戻します。ごみは持ち帰るか、所定の場所に捨てましょう。「使う前より美しく」を心掛けて、席を立った時、最後に振り返ってチェックすることを習慣に。忘れ物にも注意して。

レストランやカフェ、会議室、セミナールームで

まず、気をつけたいのは椅子です。椅子は席を離れる時には必ず机の下に入れます。退席する時はもちろん、途中でちょっと席を立つ時も同様です。開けたら閉める、出したらしまうを心掛けましょう。とても当たり前のことですが、そのままの人が意外と多いのです。その一方で、自分以外の人の椅子まで戻していく素晴らしい人もいます。こんなところにも、内面が出るのでしょう。着席している時は、そこは自分のスペースですが、席を立つと、そこは公共のスペースになります。誰かが通る時にじゃまになるかもしれません。なにより、景色が美しくないのです。

後を美しくできるというのは、自分のふるまいが他の人にどういった影響を与えるかということを客観的に見られるということです。こういったことを大切にできる人は、人との付き合いにおいても、仕事においても、目配りや気配りが行き届く人が多いです。そんな人を目指して、できることをしていきたいですね。

気遣い

「お先に」「どうぞ」を当たり前にする

譲るべきものと譲らないものを間違えない

「どうぞ」という気持ちを、いつももっていましょう。道を譲る、席を譲る、順番を譲る——日常の中にそんなシーンはたくさんあります。忙しい現代は、我先にとなってしまいがち。でも、譲り合うことで生まれるものは、心をあたたかくしてくれます。さりげなく、当たり前に譲れる人を目指しましょう。

マンションのエレベーターでのことです。途中階から乗ってきた小さな女の子が、1階に到着して先に降りました。私も続いてエレベーターを出たら、外側でわざわざ、開くボタンを押して待っていてくれました。私と彼女の二人だけで、彼女の後に続いて降りるので、ドアが閉まる心配はほぼないのです。それでも、私が出てきた姿を見届けてから、さっと歩き出した彼女に、後ろから「ありがとう」と声をかけながら、なんてすてきな子なんだろうと思いました。ご家族がきっといつもそうされているのでしょう。その日一日を、幸せな気持ちで過ごせたうえに、私自身も席をお譲りしたり、自分の後の方のことを気遣いたくなる一日になりました。

自宅のまわりは静かな住宅街で、信号のない交差点もたくさんあります。信号がないから譲り合います。歩行者が優先ですが、それでも、車が止まってくれたら感謝の気持ちを表現し、心持ち急ぐようにしています。当然のことだからと、車の存在を全く無視して、目もくれずにゆっくり歩く人も少なからずいます。どちらの人でありたいかははっきりしています。

譲られて当然といった心は美しいとは言えません。「お先に」と感謝する心と、「お先にどうぞ」と譲る心、どちらも大切にしましょう。

譲ると決める

電車の席などは、譲りたい気持ちはあるのにうまく言えない、譲って嫌な思いをした、といったこともあるようです。あまりに疲れて、どうしても座りたくて、電車を遅らせてまで座ったのに、目の前にご老人が来て、譲るしかなかったという話も聞きます。そんなお話を聞いていると、譲ろうと思っている人のほうが多いのだと感じます。すてきなことですね。人それぞれ、事情はさまざまだからこそ、譲って当たり前、譲られて当たり前と思う心はもたないようにしたいですね。

　譲りたいという気持ちをもっているのになかなか言えないという人は、勇気を出して、まず譲ってみましょう。あれこれ考えず、気づいたら即声をかけます。すぐ口をついて出るくらいになりましょう。気づいた瞬間に言うと、断られても、どうってことありません。にこやかに、「もしよろしかったら、お座りになりませんか」と尋ねる形にします。「よろしかったら」という言葉があれば、相手は、受け取ることも断ることもしやすくなります。

　笑顔で、丁重に声をかけると、相手の方まで丁寧になってしまうことも多いです。譲りたいと思っているなら、相手がどうであろうと自分は譲ると決めましょう。相手の反応ではなく、自分がどうありたいかです。その在り方を譲らないことです。譲るべきものと譲るべきでないものを、間違えないようにしたいですね。

気遣い

心をほどく魔法の一言を添える

先手の一言で人間関係がスムーズに

先に〝気遣いの一言〟を添えることで、人間関係がスムーズにいくことは多いものです。一言があるだけで、安心できたり、納得できたり、互いが心地よく過ごせます。〝余計な一言〟ではなく、相手を気遣う魔法の一言を口にしましょう。

「**お忙しいところ申し訳ございません**」「**お時間をいただいてもよろしいでしょうか**」
何かをお願いしたり、お尋ねしたりする時は、まずこの一言を。

「**椅子を倒してもよろしいですか**」「**失礼します**」
新幹線などでリクライニングを倒す時は一言かけて。

「**恐れ入ります**」「**前を失礼いたします**」
人の前にあるものを取る時や、席のすぐ前や後ろを通る時に。

「出られる時は、いつでも遠慮なくお声かけください」

新幹線、飛行機などで、自分が通路側だった時は、窓側の方に前もって声をおかけしておくと、相手の負担を減らせます。

「ご迷惑をおかけしたら、申し訳ありません」

小さなお子さんと電車に乗る時などに、周りの人にあらかじめ一言お伝えしておくと、一気に関係性が変わり、あたたかく見守ってくださる方もいます。

「今、お話ししても大丈夫でしょうか」「お電話、よろしいですか」

携帯に電話をかけた場合は、相手の状況が分からないので、必ず一言お聞きしましょう。立て込んでいるようならあらためて。

「こちらから失礼いたします」

例えば、お茶は、本来ならお客さまの右側からお出しするものですが、できない場合もあります。そんな時は、「こちら側から失礼いたします」という一言があると、き

ちんと礼儀をわきまえた人だと思われます。時に、イレギュラーにするしかない場合は多々あります。そんな時には、前もって一言お断りすることを忘れずに。

重ねて聞くことがある場合

さまざまな手続き等で、担当者ごとに、重ねて同じことを聞かなくてはいけないことがあります。聞かれるほうは、「さっき答えたのに」とうんざりしてしまうものです。そんな時に、前もって「後ほど、確認のため、同じことをお伺いすることがございます」と伝えておくと、それだけで「また？」という気持ちがなくなります。

〝気遣いの一言〟で心地よい空気になることがきっと増えていきます。もちろん、一言を添えたところで、反応がない人もいます。でも全く構いません。相手次第で変えるのではなく、自分がどうありたいかを貫くことです。

気遣い

自分の心は自分で整える

いつも機嫌よくいることを心掛ける

どんな時も機嫌よくいることを心掛けましょう。特に人と接する時は常に機嫌よく、フラットでありたいものです。それは安心感、信頼感となります。生きていれば日々いろいろなことが起こります。笑っていられることばかりではないでしょう。つらい状況を何年も抱え続け、踏ん張っている人もいるでしょう。でもエレガントな女性はそれを見せません（もちろん見せられる人がいることはいいことだと思います）。そして乗り越える強さ、乗り越えようとする意志をもっています。

時折、不機嫌な感情を誰かれ構わず出す人がいます。自分の負の感情を前面に押し出して、何になるんだろうと思います。一緒にいる相手に気を遣わせてしまうだけです。そういう人を、決して美しいとは思いません。周りの人に余計な気を使わせないこと、ご一緒する人と心地よい時間を過ごせるよう配慮することは、大人の気遣いです。

大人は、誰かに幸せにしてもらうことはできません。誰かの存在が自分を幸せにしてくれることはもちろんありますが、誰かに自分の幸せを依存したり、お任せしたりすると、自分の幸せはその誰かに左右されてしまいます。そうならないためにも、自分の心くらいは、自分で整えられるようになりましょう。自分でご機嫌にしましょう。それは自分自身が精神的に自立していることでもあります。

背筋を伸ばし、顔を上げる

「ふるまいを磨くと心が整う」と何度かお伝えしています。なかでも、どんな時も背筋を伸ばすこと、顔を上げることは必須です。落ち込んだ姿勢でいると、心も落ち込みます。無理にでも顔を上げていい表情でいると、気持ちが変化してくるのを感じるはずです。姿勢から心を整えることができます。

自分の心を整える小さな習慣

散歩をする、美しいものを見るなど、自分を元気にする自分だけの習慣や方法をもっておきましょう。年齢を重ねるごとに、少しずつ、自分なりの気分転換や切り替

え方法が分かってくるのではないでしょうか。ちなみに私は、無心に掃除をしたり、お気に入りの本を読んだり、ヨガなどで身体を動かしています。

幸せに気づく心をもって幸福度を上げる

幸せに気づく心を高めましょう。前向きに考える力が増し、強くなれます。今ある幸せにフォーカスする力はとても大切なのです。人はどうしても欠けているもの、足りないものに目が行きがちです。ですが、どんな状況の中にも幸せは必ずあります。当たり前なことは何一つないし、幸せは捉え方次第です。毎日、眠る前に今日一日のよかったことを思い浮かべ、感謝しながら眠りにつきます。些細なことでいいのです。よかったことを探しては感謝し、つらいことや嫌なことがあっても、頑張った自分にありがとうと言って眠ります。それは脳の幸福度を高めるそうです。

自分の幸せは自分で決められます。日々の中に幸せを見出し、感謝することを心掛けていると、自然と心が整います。そんな女性にエレガンスは宿ります。

第7章 

オトナ女子の話し方
マナーと心得

また会いたいと思われる語り口

どんな言葉を使うかは、
どんな自分でありたいかにつながります。
話し方できつい人、ガサツな人と思われるのはもったいない！
オトナ女子は、穏やかで品のある美しい話し方を目指しましょう。
思いやりのあるあたたかな言葉をかけましょう。
柔らかに自分の意思を伝えましょう。
身につけて損はありません。

レッスンポイント

- オトナ女子は言葉を駆使する
- 柔らかで美しい言葉を知る
- 伝わる話し方、印象が上がる話し方がある
- 話す順番はとても大切

話し方

にこやかなあいさつで自分の応援団が勝手に増える

自分から　笑顔で　明るい声で

笑顔であいさつするだけで、信用貯金が増える

いつも自分から気持ちのよいあいさつを心掛けましょう。きちんとあいさつができることが信用になります。続けていると、あいさつを交わすだけの関係でも、ほんの少し元気がないだけで気にかけてもらえたり、困っていたら助けてもらえることもあります。心を込めたあいさつは、受け取ってくれる人が自然とあなたの応援団になっていきます。「いつも笑顔で、心を込めてあいさつをする」と決めて、まずは1か月実践してみてください。必ず何か変化を感じるはずです。いつもするからこそ信用になります。ぜひ、自分にできる最高のあいさつを。

あいさつで周りを明るくできます

現れるとパッと周りが明るくなる、そんな人がいます。たった一言で、周りの人を元気に、笑顔にできたらすてきです。その場の温度が1度上がるようなあいさつを心掛けましょう。「自分から、笑顔で、明るい声で」が基本です。

あいさつで自分の心も元気づけられます

背筋を伸ばし、心を込めて笑顔であいさつをすると、自分自身にもスイッチが入ります。あいさつをしている自分が一番元気になれます。

あいさつであなたという人を表現できます

あいさつであなたの人となりが表現できます。きちんとあいさつするときちんとした人、明るくあいさつすると明るい人と思われます。それはあなたの印象となり、周りからそういう目で見られるようになります。あなたがどんな人か詳しくは知らなくても、です。そういう人と見られたら、そういう人になっていきます。あなたが思い描く理想の人に、あいさつから近づいてみることもできます。

苦手な人も味方にできます

苦手だなと感じる人がいたら、相手もたいていそう思っています。苦手だなと感じる人にこそ、満面の笑みで、目をしっかりと見てあいさつしてみましょう。そうする

と、相手のあなたに対しての苦手意識が減っていきます。相手とあなたの距離が、あいさつをするたびに縮まっていくことがよくあります。

あなたのことを認めていますと伝えられます

あいさつで「存在を認めています」ということが伝わります。笑顔のあいさつに、何か一言を添えるとさらにすてきです。お天気のことでもいいですし、相手に関することが言えたらもっとすてきです。自分のことを見ていてくれたと感じられて、とてもうれしい気持ちになります。自分の存在を認めてくれる人に、人は好感をもちます。

あいさつで応援団ができます

毎朝、正門に立っている先生方に、学校一さわやかな生徒のつもりで、「おはようございます」とあいさつし続けた学生さんがいました。そして部活仲間にも一緒にやろうと言って、あいさつを続けたそうです。そうしたら「〇〇部の子たちはいい子たちだ」という認識が先生方の間で広まり、何かあると応援してくださるようになったそうです。あいさつ一つで、応援してくれる人が増えていきます。

話し方

略さない、伸ばさない、小さな「っ」を入れない

美しい話し方のために守りたいこと

美しい話し方のために、心掛けておきたいことはたくさんあります。その中でも、少し意識するだけで印象が変わるポイントをいくつかご紹介しましょう。

略さない

言葉は略さないほうが上品です。SNSの発達もあって、略す言葉がますます増えています。気心の知れた者同士がラインでやりとりする、あるいは若い人が友達同士で使うのはいいと思います。でも大人の女性が人と話す時に使うと品を失います。言葉を略すとそこに心を込められません。気持ちまで略されているような気がします。日頃から略さずに話すことを、当たり前にしておくことをおすすめします。

語尾を伸ばさない

語尾を伸ばして話すと、だらしない印象になります。「今日さ～、○○で～、△△

で～、□□だったの～」という話し方が聞こえてきたら、どんな女性を想像しますか？　仕事ができそう、知的、エレガントといった印象をもつことはないと思います。語尾を伸ばさずに話すだけで、格段に印象は上がります。

小さな「っ」を入れない

「こっち」ではなく「こちら」というように、小さな「っ」を入れないだけで、とても落ち着いた品のある話し方になります。どんどん言い換えていきましょう。

・あっち、こっち、そっち、どっち　→　あちら、こちら、そちら、どちら
・ちょっと　→　少し、少々、しばらく
・さっき　→　さきほど
・やっぱり　→　やはり
・きっと　→　おそらく
・やっと　→　ようやく
・もっと　→　さらに
・そっちでちょっと待ってて　→　そちらで少しお待ちいただけますでしょうか

乱暴、雑だと受け取られる

「やつ」「とか」なども、意外と使ってしまいがちな言葉です。「大きいやつ取って」ではなく、「大きい○○を取って」と、きちんと名称を。「うざい、マジムズイ、ヤバい」といった若者言葉、「ウマい」「あいつ」「あんた」「食う」といった言葉は使いません。自分の辞書から消しましょう。また「でも、だって、どうせ」といった言葉は物事を否定的に捉えがちになります。これらも避けたい言葉です。

「お」や「ご」を付けすぎない

丁寧にと思ってのことでも、付けすぎると逆に品がなくなります。ビール、コーヒーなど外来語には基本的には「お」や「ご」は付けません。

日常に使う言葉こそ、意識して選びましょう。それが、あなたのイメージを大きく左右します。

話し方

「わたし」ではなく「わたくし」で話し始める

どんな言葉を使うかは どんな自分でありたいか

どんな言葉を口にするかで、あなたの印象も、人との関係も変わります。**どんな言葉を使うかは、どんな自分でありたいかです。**エレガントで品のある女性でありたいなら、丁寧で美しい言葉を選びましょう。

美しい言葉遣いにする一番の秘訣は、「わたくしは」で話し始めることです。「わたくしは」で話し始めると、その後に続く言葉が自然と丁寧なものになります。「わたくしは」と言うのがどうしても難しいという人には、「わたしは」と言いながらも、心の中では「わたくしは」と言っているつもりで話してみましょうとお伝えしています。それだけでも変わります。

どんな言葉も言い慣れると、自分のものになります。美しい言葉、きれいな言い回しを、何度も口にしてみてください。実際に口にすることで、初めは抵抗があった言葉も、言い慣れて当たり前になっていきます。自分に馴染んでいきます。言葉が丁寧で美しいものになればなるほど、あなた自身も美しくなっていきます。

話し方

「○○さん」をちりばめると距離感が縮まる

名前を呼ぶことの効果は絶大

名前はその人にとって何より大切なもの、自分だけのもの、自分そのものものです。あいさつをする時、話しかける時、名前を一緒に呼びましょう。「○○さん、おはよう」「○○さん、ありがとう」。なんなら、「わあ！ ○○さん」だけでもいいのです。それだけで気持ちが伝わります。ギュッとお互いの距離が縮まります。

名前を呼ぶことは、**「あなたに」「あなただけに」話しかけています**ということ。呼ばれた人は、自分の存在そのものを認めてくれていると感じます。

大勢がいる中で、名前を呼んで声をかけられたり、まだ知り合って間もないのに名前で呼ばれたりしたら、「もう覚えてくださったんだ、知っていてくださったんだ」という喜びになります。以前一度会っただけなのに、久しぶりにお目にかかった時に、名前で呼びかけられたら、本当にうれしいですよね。存在を認めることは、とても大切です。なにより親近感が増しますし、好感度もアップします。

結婚して長く一緒にいると、名前も呼んでくれなくなった、といった不満を聞いたことがありませんか？　名前で呼んでくれないことが離婚原因の一つにも上がるのだとか。親しい中でも名前を呼ぶことは大切で、相手の心を開く効果が大きいのです。

目を見て、微笑みながら、名前を呼びかけてあいさつをしましょう。話しかけましょう。会話の中にもたくさん、名前をちりばめましょう。名前を呼びかけるほどに、距離が縮まっていきます。

以前参加したあるコミュニティでは、年齢に関係なく、お互いを自分が呼んでほしい呼び方で呼び合うことと、敬語を使わないことがルールとなっていました。そうすると、不思議なくらいお互いが心を開き、仲良くなっていったのです。ある程度の知り合いになったら、名字で呼ぶよりも、下の名前でお呼びするなど、呼び方次第でさらに親近感が増しますね。呼びかけるだけで、思う以上に、お互いの距離感を縮めてくれるものが名前です。

名前について話題にするのもおすすめ

また、初対面の時でしたら、名前そのものについて話すこともおすすめです。お会いした方の名前を覚えるのはとても大切なこと。名前について話すことで、印象に残りやすく、覚えやすくなります。珍しい漢字なら、「何とお読みすればいいんですか？」や「珍しい字ですね」や、他にも「すてきなお名前ですね」「妹と同じです」などと、話しかけることができます。

知っておきたいＮＧ表現

初対面で、名前を伺う時に、時折「お名前頂戴できますか」という人がいます。丁寧なように聞こえますが、これは間違いです。名前はもらうものではないからです。「お名前をお聞かせいただけますか」「お名前をお教えいただけますでしょうか」と尋ねましょう。クッション言葉もつけられたらパーフェクトですね。にこやかに親しみを込めて名前を呼びかけられるフランクさももち、きちんとした言葉遣いもできることは、あなたの魅力を高めます。

話し方

依頼形で話すと驚くほどスムーズに進む

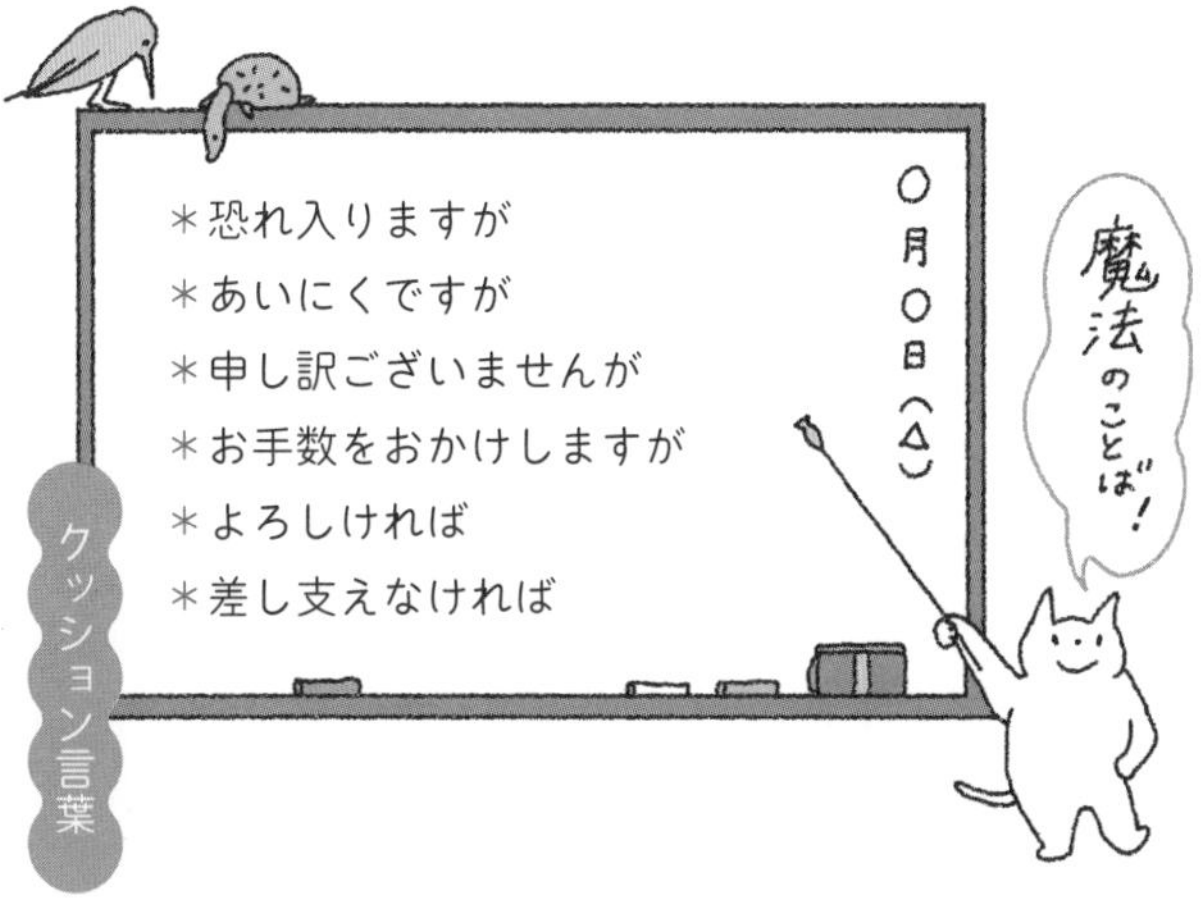
○月○日(△)
＊恐れ入りますが
＊あいにくですが
＊申し訳ございませんが
＊お手数をおかけしますが
＊よろしければ
＊差し支えなければ
クッション言葉
魔法のことば!

柔らかに願いを伝える

大人になればなるほど、経験を重ねた分だけ強くもなっていくけれど……。それでも強さは内に秘め、オブラートに包み、柔らかに人と接したいものです。そうすると、物事がスムーズに進むことが多いと感じます。それは話し方ももちろんそう。同じ内容であっても、言い方次第で、相手の受け取り方は全く違うものになります。相手の感情を害さずに、さらに相手への思いやりも伝わる言い方があります。

誰かに何かをお願いする時や指示を出す時は、依頼形にすることで、すんなりと、気持ちよく受け入れていただけることが増えます。「～してください」というより、「～していただけますか？」「～してもらってもいい？」と、相手が答えを選べるような言い方を。相手にお伺いする形にします。たとえ、答えの選択肢にNOがない状況だったとしてもです。「～してください」と言われるより「～していただけますか」と、答えを選ぶ余地を残したような言い方をしたほうが、人は素直に受け入れやすくなるのです。言われた相手の気持ちを想像することを、どんな場面でも大切にしましょう。

クッション言葉のススメ

また、その時に欠かさず入れたいのが、「申し訳ありませんが」「お手数ですが」といったクッション言葉です。クッション言葉とは、相手への気遣いを伝えるもの。これがあるとないとでは大違いです。この言葉が入るだけで、こちらの気持ちに寄り添ってくれているのだなと感じられるのです。柔らかに、笑顔で、「恐れ入りますが〜していただけませんでしょうか」と伝えることを心掛けてみましょう。

肯定を心掛けて、否定は減らして

もう一つおすすめは、できるだけ肯定表現にするということです。普段口にする言葉も、前向きであることを心掛けたいですが、それだけでなく、できないといった否定の表現をできるだけ減らしましょう。「できません」というより「できかねます」、「分かりません」より「分かりかねます」、「〇時まで戻りません」より「〇時には戻ります」というようにです。そこにプラス、代替案を付け加えられるとさらにすてきですね。

言葉遣い以上に大切なこと

先日、とあるお店で「〇〇はありますか」とお尋ねしたら、「ありません」の一言で済まされました。ものすごく突き放された感じがしただけでなく、なんだか尋ねたことすら悪かったような気になりました。「せっかく買いに来てくださったのに申し訳ないです」「ありがとうございます」といった気持ちが1ミリも感じられない対応で、こちらで買うのはもうやめようとさえ思いました。これは話し方以前の問題です。お客に寄り添う言葉がないのです。それは気持ちがないからです。とてもよいお店なのに、心も言葉も足りないことで、ファンが減るのは残念なことですよね。

敬語などをきちんと使いこなすことも大切ですが、それ以上に大切なことは、相手の気持ちを想像し、寄り添おうとすること。そして、その気持ちを言葉にすることです。そんな心遣いの積み重ねが「あなたなら」という信頼や愛情をつくっていくのです。

話し方

「すみません」を使わない

Thank you
Sorry　≠　すみません
Excuse me

便利な言葉よりふさわしい言葉を使いたい

言葉選びを大切にすることは、言葉に込める気持ちと丁寧に向き合い、相手を大切にすることです。便利に使い回せるものより、たった一つ、一番ふさわしいものにこだわりたい。その時々の気持ちをお伝えするのに、より美しくふさわしい言葉、より想いが伝わる言葉を選びたいものです。

「すみません」はとても便利な言葉です。お礼を伝える時にも、謝る時にも、呼び掛けたりする時にも使えます。つい使ってしまいがちですが、一番ふさわしい言葉と言えるでしょうか？「すみません」だと、感謝の気持ちを伝えたいのに、どちらかというと「私なんかのために、お手を煩わせてごめんなさい」といったニュアンスになります。その謙虚さはすてきですが、お礼を伝えたいなら、満面の笑みで「ありがとうございます」と伝えたほうがきっと喜ばれます。感謝の気持ちがより伝わります。お詫びをしたい時は「申し訳ございません」「ごめんなさい」、声をかけるなら「恐れ入ります」「失礼いたします」と伝えるほうが、断然美しく、ふさわしいのです。

話し方

「やか言葉」の魅力とチカラ

毎日眺めて、口にする

すてきになる秘密が詰まっている

「大人のたしなみを学ぶ会」を主宰しています。尊敬する書家の根岸司黎（和美）さんをお招きし、「美しい言葉とふるまい」という講座を開催した際、教えていただいたのが、「やか言葉」でした。それ以来とてもお気に入りです。「『やか言葉』とは、最後が『やか』で終わる言葉。すてきなものが多いんですよ」と言われて、思い浮かべてみたところ、おだやか、さわやか、しなやか、たおやか、あざやか、はなやか、しとやか、つややか、まろやか、かろやか、にこやか、すずやか……とたくさん。

柔らかで、なんとも言えない繊細さを感じる、美しい言葉ばかり。響きがよく、どの言葉も魅力的です。たおやかな女性でありたい、しなやかに生きたいなど、こんなふうでありたいと思わせてくれる言葉たちです。好きな「やか言葉」を一つ拾い出し、胸にそっと置いてみると、そんな女性になれる気がします。今日は○○やかな私でいこう、そう思ってふるまい、ふさわしい言葉を口にする——そんなふうに使ってみてください。

話し方

ひらがなで話すと、柔らかなあなたになれる

美しい言葉を知る

古くからの日本の美しい言葉で柔らかさを纏う

「より柔らかで女性らしい言葉を」と思うなら、大和言葉をおすすめします。数年前から書籍も多く出版されている大和言葉は、中国から伝わった漢語や外来語とは別の、日本に昔からある言葉で、和語とも呼ばれます。日本人ならではの繊細さを感じさせる、響きの柔らかな美しい言葉です。大和言葉に言い換えるだけで、より印象が柔らかく角が立ちにくくなります。**言葉の柔らかさは、物腰の柔らかさ**に通じます。漢字の言葉や横文字のカタカナ言葉より、ひらがなの言葉である大和言葉を使ってみましょう。日常の中で使える機会が多い言いまわしをご紹介いたします。

・御住所はどちらですか？ → **お住まい**はどちらですか？
・ご協力をお願いします → **お力添え**をお願いします
・お会いできてうれしいです → **お目にかかれて**うれしいです
・時間がある時に → **お手すきの時**に

・意外に難しい　→　**おもいのほか**難しい
・ご配慮ありがとう　→　**お心配り**をありがとうございます
・恐縮です　→　**恐れ入ります**
・楽しみにしています　→　**心待ち**にしております
・感動しました　→　**胸をうたれました**
・つまらないものですが　→　**心ばかり**ですが　**ほんのおしるし**ですが

紹介した以外にも、たくさんの美しい言葉があります。例えば、花と関連付けたものだと、花笑み（花が咲くことや、人が微笑んでいる様子を花に例えて言う言葉）や花冷え（桜の咲く頃に寒さが戻って冷え込むこと）、花明かり（桜の花が満開で、夜でもそのあたりの闇がほのかに明るく感じられること）などです。とても美しいと感じます。

日本は驚くほど語彙が豊かな国です。繊細で、情緒豊かで、四季折々の変化を感じ取り表現された言葉、五感を研ぎ澄ますことで生まれた言葉が、たくさんあります。

大和言葉に限らず、美しい言葉をたくさん知りましょう。知識を増やすというよりも、自分の感情が動くようなすてきな言葉をたくさん知ってください。美しい言葉、美しい感性、美しいものに、たくさん出会ってください。気持ちも言葉も美しくなっていきます。美しさは強く生きる力になると思っています。

語彙が豊かになることで得られるもの

一つでも多くの言葉を知ることは、豊かな人生に繋がります。語彙が豊かになればなるほど、自分自身の感情もきめ細やかに言葉にでき、より感じられると思うからです。花笑みという言葉を知っているからこそ、パッと笑顔になる人を見て、花のように笑う人だなと感じられます。コミュニケーションも豊かになるでしょう。話すお相手一人ひとりに添った言葉を選び取ることができるからです。

常に自分の考えをきちんと伝えられる女性であるために、美しい言葉や心動かす言葉をたくさん知りましょう。そうすることで、より柔らかに伝えることができるようになると思います。

話し方

話す順番を変えるだけで、なぜか好印象

○「これ最近買ったの。100 万したんだけどとっても使いやすくて気に入ってるの」

×「これ最近買ったの。とても使いやすくて気に入ってるの。100 万もしたのよ」

※値段の話を後にする人は、いつも自慢が多い人という印象になりがち。

○「スピードは遅いけど、とても丁寧ね」

×「丁寧だけど、スピードが遅いね」

※○のほうが、褒められていると感じる。

同じことを言っているのに得する人・損する人

人とのコミュニケーションをとる中で、自分ではそんなつもりはないのに、知らず知らずのうちに嫌みになっていたり、自慢になっていたり、失礼になっていたり、ということがあります。私も後でふと思い返して、反省することがあります。自分がどんなふうに人と話しているのかを、時折振り返る気持ちをもっていたいですね。

人にはそれぞれ、話し方の癖があります。話していると、いつも前向きだと感じる人と、なんとなく後ろ向きだと感じる人。褒め上手だと感じる人と文句が多いと感じる人がいます。実はその違いは、話す順番にもあります。

「頑張ろうね、でも大変なことがたくさんあるかも」と「大変なことがたくさんあるかもしれない、でも頑張ろう」では、後者のほうが、頑張るということに意識がフォーカスされていると感じますし、聞いているほうも、前向きな人という印象をもつでしょう。言っていることは同じで、順番が違うだけなのです。でも印象が変わります。最後に聞いたことのほうが印象に残りやすいので、話す順番次第で、同じことを話しても相手の心に残るものが変わってくるのです。

例えばランチのお店を提案する時に、「本当においしいんだけど、ちょっと高いのよ」と「ちょっと高いけど、本当においしいの」と言われた場合は、どちらのほうが、行きたい！という気持ちになるでしょうか。最初の言い方だと、値段にフォーカスされていて、後の言い方では、味やおいしさにフォーカスされていると感じます。後の言い方のほうが、行ってみたいとそそられる感じがしませんか？

「見栄えはいまいちだったけど、おいしかったよ」って言われたら、「よかった。じゃあ今度は、見栄えもよく作ろう」と思えます。「おいしかったけど、ちょっと見栄えが悪かったなあ」と言われたら、「見栄えが悪くてごめんね」と残念な気持ちになります。見栄えが悪いことのほうが、相手にとっては問題だったし、言いたかったことなんだろうと感じます。よりよい方向に向く伝え方とは言えませんよね。順番が違うだけで、その後の展開が変わってしまいます。

話す順番に迷ったら「あとよし」を意識して

あとよしとは「後善し」ということ。あとよし言葉とも言います。いい話と悪い話がある時は、「悪い話を先に、いい話を後に話したほうが心証がよいことが多い」ということです。単なる癖の場合もありますが、その人の思考の癖がそのまま、話の順番にも表れてくるようにも感じます。

できれば話の最後は、前向きに、次へとつながる、心地よいものでありたいですね。立ち居ふるまいも、話す言葉も、美しい余韻が残せたらすてきです。なかなか難しいものですが、明るく前向きな印象で締めくくることから心掛けてみてはいかがでしょう。

話す順番を意識してみると、印象がよくなるだけでなく、自分自身の考え方も前向きに、よいところにフォーカスすることも上手になっていきます。それはきっとあなたに、より多くの幸せを運んでくれるでしょう。

高田将代（たかだ・まさよ）
ふるまいコンシェルジュ

国宝「當麻曼陀羅」を有する奈良の當麻寺に生まれ、1400年以上にわたって行事やしきたりが守られていることを、肌で感じながら育つ。将代という名前は、當麻寺に伝わる「中将姫伝説」の中将姫より一字を取って命名された。幼少期から茶道・華道を習い、着物着付け講師の資格ももつ。大学卒業後、伊藤忠商事に勤務。その後、グレース・ケリーやジャクリーン・オナシスなども学んだフィニッシングスクール（ハイエンドな女性向けのマナー・エチケット・礼儀作法を学ぶ学校）に入学。幅広い教養を学んだ後、マナー講師となる。

自身のスクールの他、東京、横浜、名古屋、福岡など各地で講座を開催。大学や専門学校、企業での研修も行う。日本人のもつ細やかな気配りや精神性を大切にした美しいふるまい、上質なマナー、コミュニケーション術などを通し、多くの女性の本質的な魅力を引き出している。

「Mエレガンスアカデミー」主宰。2020年ミセス日本グランプリファイナリスト。

STAFF
装丁・本文デザイン：白畠かおり
イラスト：石川ともこ
校正：聚珍社
企画協力：ブックオリティ
編集担当：小澤由利子

なぜか大切にされる女性になるマナーと心得56
オトナ女子のふるまい手帖

2021年 3月28日　初版第1刷発行
2022年 11月13日　初版第4刷発行

著　者　高田将代
発行者　小川 淳
発行所　SBクリエイティブ株式会社
〒106-0032　東京都港区六本木2-4-5
電話 03-5549-1201（営業部）

印刷・製本　三松堂株式会社

本書をお読みになったご意見・ご感想を下記URL、QRコードよりお寄せください 。
☞ https://isbn2.sbcr.jp/08798/

落丁本、乱丁本は小社営業部にてお取り替えいたします。

定価はカバーに記載されています。

本書の内容に関するご質問等は、小社学芸書籍編集部まで書面にてお願いいたします。

 ISBN 978-4-8156-0879-8